田野行旅丛书

未开的脸与文明的脸

〔日〕中根千枝 著
麻国庆 张辉黎 译

2018年·北京

中根千枝
未開の顔・文明の顔
根据日本中央公论社 1990 年版译出

目 录

中文版序 ··· 1
日文版序 ··· 4

一 阿萨姆 ·· 10
    在大象之乡访问加罗族 ······························ 12
    文明人的出现和猎虎 ································ 37
    访问激战后的猎头部落 ······························ 52

二 喜马拉雅 ··· 65
    边境城镇——噶伦堡 ································ 65
    喜马拉雅的公主 ···································· 71
    喇嘛僧侣的社会 ···································· 83

三 加尔各答 ··· 102
    加尔各答北部——印度人的街道 ······················ 103
    英国殖民地统治以后 ································ 116

加尔各答的日本人 …………………………………… 123
　　在夜总会 ……………………………………………… 136
　　生活在"悠久"中的印度人 …………………………… 140

四　斯德哥尔摩 …………………………………………… 159
　　所谓生活水平的提高 ………………………………… 159
　　机械文明和福利设施 ………………………………… 172

五　英国 …………………………………………………… 186
　　守规矩的英国人 ……………………………………… 186
　　男人化的世界——英国 ……………………………… 198
　　英国人的思考方式与社会人类学 …………………… 205

六　罗马 …………………………………………………… 210
　　藏学和圆形竞技场 …………………………………… 210
　　罗马的日子 …………………………………………… 224
　　啊，罗马 ……………………………………………… 233

七　归路 …………………………………………………… 239
　　对欧洲的乡愁和希腊的发现 ………………………… 239
　　寻访金字塔和亚历山大——埃及 …………………… 249
　　奥鲁包瓦卢（再见） ………………………………… 260

附录 田野工作的意义 ·················· 271
　　　中根千枝先生小传 ··················· 287
译后记 ································ 314
再版译后记 ···························· 318

中文版序

我非常高兴拙著《未开的脸与文明的脸》翻译成中文在中国出版,能与中国的读者见面。

本书的初稿是距今四十二年前出版的,是根据我从二十七八岁到三十岁出头时,沿着印度到欧洲的研究路线而写成的。当时对我来说,这些都是最初在国外的体验,我对于所去的地方、所遇到的人都感到非常好奇,与此同时,对于"未开和文明",我从新的视野进行了思考。

这个时期,我没有到过中国,不过,因为我十来岁时的童年是在北京度过的,我在内心的深处留下了对中国的经验和内在的情感。此外,当时的日本还没有从战败后的贫困中走出来,外币也没有,日本人去国外几乎是不可能的。而我这四年的时间在国外留学,全部是由印度政府、瑞典的财团、意大利的研究所等资助而得以完成的。这些对于今天的我来说,确实是非常久

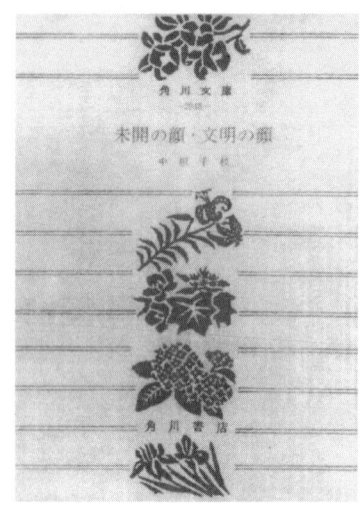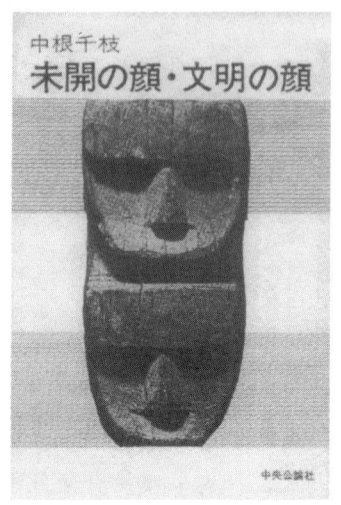

本书两个日文版本的封面书影

远的事了,不过,如果仔细想一想,我们会看到,对于在此之后的社会人类学者、西藏研究者而言,在这一学术领域的研究非常活跃,可以说与这个时期的研究有着很大的关系,当时的研究正是随后研究的起点。从这个意义上来说,我书中的一些内容也是今天中国的青年人需要了解的。

本书在日本刚出版时,书中的内容被读者评论为非常罕见,并且作为优秀的随笔受到了很高的评价,获得了每日出版文化奖。在日本即使是现在,还在不断地再版,人们还在读它;本书的内容,作为大学入学考试的日语和社会科方面的问题,以及作为给外国人用的日本语教材而常常被引用。麻国庆博士此次翻译本书确实非常辛苦,花费了很多精力,在此我表示衷心的感谢。同时,由于我的中文水平有限,不能充分地评价中文的译文。不过,我相信我也希望这一中文的译本能非常准确地反映出我的原意。

中根千枝

2000年4月

日文版序

本书集中了在1953年6月到1957年8月之间，我从印度到欧洲的留学记录，这一记录不是研究报告，也不是探险记、旅行记，而是我在研究、旅行途中所遇到的各种各样人的素描。

四年间，由于日程计划安排得很满，研究、旅行非常匆忙，没有时间去细致周密地描述一个国家或一个民族的全景图。而对于那些读过很多旅行记、历史书、报纸、杂志的读者而言，我还是想把他们已经非常清楚的东西，特意用并不是很美的文笔描述出来。在这里我所介绍的画面，角度是各式各样的，有的从正面来看，有的从侧面来看，有的从斜面来看，也有的从上面来看，还有的从背面来看。但是，所有的面孔，对我而言都是全新的，因为都给我留下了极深的第一印象，这些新鲜的人和事，吸引我敏锐地去捕捉他们的每一点细微特征。有一些看起来是非常可笑的面孔，不知读者能否接受或同意我的描述方式，不管怎样，谨望读者能够原谅我这些还未成熟的描述。

这些素描是我通过对访问地人们的面貌、行动、人际关系、思考方式等的观察,进而来理解和思考简单社会和文明社会等问题的结果。这与专业的社会人类学、西藏史的研究有一些不同,一般研究者去了未去过的地方,看到了各种各样人的面貌,就以他们的专业研究习惯,非常深奥刻板地把所遇到的一切记录下来(当然,这些也是非常重要的)。正如大家所知道的,描述出在那里生活着怎样的人,有什么样的社会问题等,进而去考察以不同的社会、不同的民族、不同的历史地理条件为背景的人类的生活图像,这并不是与我们无关的"大海那边的事",而是关系到生活在日本的我们本身,同时我们也不应忘记存在于我们之中的问题。

书中涉及印度、欧洲和西亚,在印度我做了专业的田野调查工作,这里是我待的时间最长的地方,也是我最想介绍的,这一部分的比例占本书的一半以上。而且,关于印度,感觉好像只能写像这样的书。关于印度的书写起来很难,而且理解起来也同样难。

印度对于日本人来说,并不像在观念中所形成的对于中国和西欧的印象和标准那样。这里没有朝霞映照下优雅的紫禁城的金色之梦,以及远望去红色楼阁林立的古都——北京的诗意般的风情,也没有令人怀念的中世纪的水上都城——威尼斯游船上奢华的浪漫情调,而是一幅像陷入泥沼、不能自拔的场景:架梨寺院中的狂热,山羊被杀后在炎炎的烈日下鲜血不断地涌出,当太阳从染红的地平线上落下去的时候,漆黑的草原上诸神神奇般地翩翩起舞……这是没有介入任何中间色彩的地域,是一个充满原始味道的世界,在这里丝毫没有夹杂优雅、纤细和感伤之情。

刚进入这个世界的半年左右,在好奇心的驱使下,我对于这里的一切,有一种强烈的刺激和神秘之感,不过过了一段时间之后,神经变得非常疲惫,自己固有的常识和标准常常受到冲击,甚至经常会遇到违约、没有诚意、侵犯私生活的行为,就连所希望拥有的清洁和美的东西,都难以得到。当时也正好赶上印度流行阿米巴赤痢和疟疾等恐怖的热带病魔,这些疾病也开始侵蚀我非常虚弱的身体。整个印度处于四面楚歌之中,我似乎也尝到了完全失败的滋味,产生了不能自拔的绝望感。

然而还算幸运,那个酷暑在季风的吹送下,很快就过去了。在热带,当喜马拉雅的凉风吹过之时,我骤然意识到"印度"的高深莫测,同时我也感觉到她如同大地母亲的女神一般,温柔体贴,并且开始用她那强有力的身躯拥抱我。这时,我就好像在体育活动中经过长时间的激烈训练之后，开始有一种说不出的快感。从此，我渐渐地进入了解印度的角色。

在印度待了三年之后，我去了欧洲，从而有机会把印度从外部世界客观地，特别是在与欧洲的对比中来认识。我在从欧洲返回日本的途中，中途又在印度逗留，对印度的认识又加深了一层。本书正是个人的一些经历和体验，虽然不太成熟，但我还是想尝试着把它介绍给读者。

围绕着旧大陆的这些国家，在文化和人际关系方面最令我叹服的是印度和英国。印度和英国是由具有极端价值观的人们组成的国家，在这两者之间，日本人好像是不管怎么努力也不能泰然处之。而且，我相信，通过对比两种文化、人们的各种状态以及在人类的长期历史中所反映出来的民族、政治、经济的变迁，这对于今后也一定有很重要的意义。

正因如此，在英国一章中，如果从不了解的人来看，英国丝毫没有没落的迹象，英国人的特点是非常雅致的。但是我绝不认为像英国这样的社会是绝对好的社会，我也不想一生住在英国。

写到这里，我想起了在英国的日日夜夜。每天一早起来，从五楼的窗口向外望去，灰色的天空、黑色的高楼大厦以及在大街上、穿着朴素的定制的服装、匆匆地迈着直线脚步的很多上班族的姿态，尽收眼底。哎！伦敦的一天又开始了。此时，也只有在这个时候，我会对英国人肃然起敬。当太阳的光芒照射在地平线时，令我顿然想起与此价值观相反的印度，同时也马上想从伦敦顺便去一下巴黎和罗马。

不只是印度和英国，以我来看，不管哪个国家、哪个民族，在具有自己非常优秀东西的同时，也有一些糟粕的东西。我一听有人说，哪个国家最好、最喜欢时，就感到非常头疼。现在回头一看这一长期的旅行，数不清的很多国籍的朋友和老师们的面容浮现在我的眼前。对我来说，不管是什么样的面孔都令我喜欢、令我念念不忘。其中有十几个人将在本书中出现。我一点也没有歪曲事实，原原本本把他（她）们的面貌，告诉给日本的人们，这也是我对他们的友情的回报。

暂且不提未开化和文明的问题，我从所访问的地方、所遇到的人们那里，学到了在日本不能学到的珍贵的知识。从中选择一些来做介绍，并提出我的看法，但我绝不想解决问题和得出结论。这些内容想必每个读者都会从各自的角度去领会和接受。不过，限于我所关心的人类及其社会，解决问题和得出结论也是应该的。但不能陷入教条之中，当然这并不是一件容易的事。

我的观察和考察，不用说，和我的专业社会人类学、西藏史是关联的。此外，从调查地得出来的看法，在某种意义上，如果能对读者有所裨益，是非常幸运的。

最后，对于这四年多的研究旅行途中，给予我亲切帮助的不同国家和地区的诸位同胞（他们的名字恕不一一列出）表示最深切的感谢！本书的出版，同时也是向他们转告我的旅行已告一段落，谨此托诸位的福，平安无事。此外，对于本书的写作及观点有不同意见者，谨请提出宝贵意见。最后对于提供资料的诸位，我从心里表示诚挚的谢意。

1959年2月

一　阿萨姆

　　穿过印度东北孟加拉的沃野，从东巴基斯坦北部及东部的国境线开始，东面为缅甸，北面一直延续到西藏一带的山岳地带被称为"阿萨姆"，这里是很多未开化民族的居住地，是世界范围的人类学研究的珍贵的宝库。

　　这一地带保持着世界上最高降水量的记录，高降水量与热带性气候结合在一起，形成非常茂盛的热带丛林。从加尔各答乘飞机去，从飞机上俯瞰，如同长蛇一般的弯弯曲曲的恒河的沃野和孟加拉大平原尽收眼底，沿着东巴基斯坦的国境线，黑黑的热带丛林清晰地延伸着。而且这一阴森的黑波逐渐在不断地起伏，其中的细川之深也给人一种恐惧之感，不会有人去接近它。把阿萨姆山岳地带从喜马拉雅山系中分离出来的是布拉马普特拉河。这条大河，发源于西藏的西喜马拉雅，从喜马拉雅的北部，流经西藏高原的东部，穿过东部喜马拉雅进入阿萨姆，在孟加拉的沃野中与恒河合流。沿布拉马特拉河所形成的阿萨姆流域平原，一直延续着历史悠久的水田耕作方式，和印度其他地方一样，印度教教徒分散在村落中，其中像卡麦卡寺是印度教徒的五大圣地之一。

卡西族的妇女们

除去这一流域平原及印帕鲁盆地外，在阿萨姆的山岳热带丛林地带，分布着以嘎佬、卡西、鲁嘉依、库科等为主的三十多种不同语言、不同习惯的未开化民族，他们以原始的农耕方式即刀耕火种维持生活，形成一个个封闭的社会。周边相杂着印度教社会、缅甸、西藏的佛教社会，由于大自然的严酷，直到现在，不管什么文明都没有渗透进去，那里的人们一直维持着原始的生活。

去这些未开化民族居住的山岳地带，要靠连接加尔各答和阿萨姆的空中线路，首先飞到高哈蒂、阿卡陆塔拉、德普陆嘎鲁、印帕鲁等有飞机场的印度教徒的小城市，从这里开始乘汽车能进入各种未开化民族所居住的山岳地带。下面我就从多达数次我的阿萨姆的旅行开始，把大家带入到我印象最深的世界之中。

在大象之乡访问加罗族

在布拉马普特拉河对面的印度教教徒的城市高哈蒂，原来是印度教王国和卡姆鲁普王国的中心地。传说希瓦神对他妻子的死悲痛欲绝，抱着她的尸体飞入空中的时候，女神的生殖器落到了这片土地上，这里也随之成为印度教的五大圣地之一。在离现在的高哈蒂2英里左右的高山上的卡麦卡寺院，每年从印度各地前来朝圣的人非常多。

在这一圣地后面的布拉马普特拉河的右边，乘一路公共汽车向西96英里，经过显眼的加罗·黑鲁的入口，就到了高鲁帕拉。这是充满喧闹和荣耀、处于炎热的热带的印度教教徒的城镇。我们住的平房，正好能眺望到悠悠流去如同海一般的布拉马普特拉河,令人心旷神怡。在这里逗留一宿后,第二天早上八点,乘坐去加罗·黑鲁的首府桃拉的定点汽车(一日一次)。

从高鲁帕拉到桃拉间的汽车道路七年前刚修好,路上没铺东西,是一条非常糟糕的道路,120英里的路,要走12个小时。作为印度第一个五年计划的一个环节,现在在边境各地不断开通的这种汽车道路,使得印度教文化渐渐地开始进入这一长时间一直孤立的未开化地域。但是开通这一腹地,因为要横穿野兽出没的地带,所以,这条路是被象和虎吞食了一些人的生命而换来的。此外,在热带丛林中虽也有平坦的地方,但比起开发汽车公路,开通航线更为便利,到阿萨姆南、台普拉州只需飞行10分钟或20分钟,从热带丛林到热带丛林之间的交通也很发达。不过,野生大象常常成群结队,影响飞机不能正常在机场着陆。

在我搭乘的去桃拉的汽车上,除两名印度官员外,其余全部都是加罗族的年轻人。售票员和司机也是加罗族——他们在加罗族中是为数不多的有文化的人,司机光着脚踩着油门。我第一次乘这种汽车,从这里开始,接触加罗人,逐步进入研究加罗族的角色。日本人和中国人同样是属于蒙古人种,而加罗人的肤色浅黑,背部很像日本人的样子,一看就明白,他们都是和善的人。因为我是唯一从日本来的人,大家充满了好奇心,日本军曾经来过附近的印帕鲁(Impal)一事,阿萨姆各地的未开化民族的人,好像都知道,懂得像"Japan"(日本)这样的语言。一般而言,阿萨姆的很多未开化民族直到最近依然是猎头的部落。他们对于日军的"勇敢"充满了敬意。稍微熟悉之后,他们问我是否来这里传授基督教。在加罗·黑鲁只进来过两至三个外国传教士,他们因此认为皮肤白一些的外国人都是来传教的。当时,我正在考虑如何做饭、住在什么样的人家,调查一个结了婚的丈夫去妻子的家还是妻子去丈夫的家。一会儿,一位能讲一点儿英语的加罗族人说,大家非常感兴趣的是日本和我们的习惯在什么地方不同。我和他们说,在日本女子出嫁后,有了孩子,孩子要姓父亲的姓,因为财产是丈夫的,妻子对丈夫百依百顺,说到这里,大家频频摇头,说这不是什么好的制度。女子因为弱,财产应该由女子所有,并说日本的女子真可怜。加罗族即使在世界上也是非常少有地保留"母系制"的民族,男人一结婚就到妻子家或到妻子所在村来住,家、财产、孩子等所有的一切都属于妻子,家、财产由女儿中的一人继承。

汽车渐渐地进入热带丛林的腹地,山岳的起伏幅度越来越大,越来越险峻,太阳落山后,天气开始冷了起来。沿途中,除看到两三个部落外,到处都是热带丛林。在黑暗中,白色的车灯照射着两侧茂密的树木和森林,在崎岖的山岳地带汽车的两个轮子在飞转,这是我在阿萨姆最快乐的旅行。在我们的周围,野象和豹突然出现的恐怖,及对未知的目的地的期待与汽车的引擎声交织在一起。

晚上八点左右,前方的路灯若隐若现,终于快到桃拉了。经过长时间的黑暗之后,再看到灯光时,有一种说不出的慰藉。处于山中的桃拉是加罗·黑鲁的中心,约有5000人,是阿萨姆政府的派出机构,同时也是七年前成立的加罗自治政府的所在地。在桃拉,能用电报与外界联系,地方长官给我准备了政府高官用的平房宿舍。

第二天开始,我用约一周的时间做去腹地的准备。第一个问题是找翻译。与政府人员打过招呼后,第二天来了一个基督教徒的加罗族妇女。因为我是女的,所以政府特意给我找了一个女翻译。我给她打开地图,一说翻过阿鲁拜拉山系需约三天的行程,才能到达腹地,她惊呆了,不由地说:"我一次都没有登过山,怎么说也不能去。"我也觉得找女翻译很难。首先,不能强行军似的赶路,因为对方是女的,还是应该同情。不用说对女性只能如此。不过毕竟还是要解决进入腹地的问题。于是,匆忙来找男翻译。这样像搬运行李、看管行李都可以委托给他们。我又跑到政府,非常清楚地说明我的目的。这些政府工作人员听后,眼睛都瞪圆了,说那样的腹地连我们都不曾去过,你这柔弱的身体怎么能去呢。我不得不花了30分钟来说明我曾在喜马拉雅的山岳地带、缅甸国境一带做过调查。但是,他们说,因为没有道路,而且我去的地方是野象经常出没的地带,刚传来消息说,前天那一带有七个村民被象所害。我想,虽说没有道路,但从地图上看,从一个部落到另一个部落大约需要一天的时间。部落和部落之间不管怎么说应该是有路的。但是如果遇到象群该怎么办呢?

　　一下子出来这么多的问题,脑袋也变得懵懵懂懂的,我就想出去散散心,于是就去逛巴扎(bazar,露天市场)。巴扎有米、生

巴扎

姜、南瓜、山芋等热带丛林的特产，也有从印度平原运来的衣服、鱼、干鱼、用玻璃做的首饰及装水和酒的瓮等，在地上摆了一堆。印度政府的官员、加罗族的上层也来这里，非常热闹。在这个偏僻的地方，巴扎也是社交的场所。这里的人们都知道我。在和很多人谈话中，我遇到了一位腹地出生的加罗族男子，他非常了解我想去的地方的情况。据说我选择的部落在加罗·黑鲁是最古老的部落之一，这一部落位于非常偏僻的丛林深处。人们的生活从很久远开始一直到现在，都没有发生什么变化。不入虎

逛巴扎的老人

穴焉得虎子!要想做好的研究,必须进入很偏僻的腹地中。他告诉了我到达那个部落的线路。但是,遇到野象怎么办呢?他说:"您看,从腹地来的加罗族人们开始回去了。"我抬头一看,确实,还没到中午,就有很多来巴扎的人们已开始做回去的准备。他接着解释说:"大家趁着有太阳时赶到下一个部落。因为一到了晚上大象就出来了!"我从他这里了解到了大象的出没时间。遇到象的危险性最小的时候是一天中最热的时刻,即从上午9点左右到下午3点左右。这期间如果从一个部落能摸索着走到另一个部落是最好的。

之后,候补的翻译虽有四五人,但有的英语不行,有的年龄过大,要找一个能陪我同行一周左右的人,确实很难。最后,我看上了一个二十三四岁的青年。他性格开朗,显得很诚实,很合我意。我花了三天时间,终于说服他与我同行。在桃拉的巴扎,买了一些东西:白糖两贯目(日本的重量单位,一贯目约等于3.75公斤)、盐3750克、煤油灯及煤油灯用的油、蜡烛、红茶一磅、卷烟草百箱、报纸、手纸五卷、糖球儿一贯目,另外从加尔各答带来的折叠床、睡袋及换穿的衬衣、外套、裤子等,相机、胶卷、药品及其他的探险工具等都一一准备就绪,就等着出发了。

进入腹地的路有两条。一条是从加罗·黑鲁以南下去,出了巴基斯坦国境,沿着国境向东,顺着加罗·黑鲁第一河西姆萨

一 阿萨姆

逆流而上；另一条路从桃拉出来登山，穿过无人地带，沿着西姆萨上游走。后面这条路，因为在途中必须露宿，遇上象的危险很大，最终我还是选择了第一条路。

早上从桃拉乘吉普出发，穿过加罗·黑鲁的南部，晚上2点，到达加罗·黑鲁河东南的西姆萨河口巴库玛拉。沿着巴基斯坦国境的路，因为途中要渡过一些没有桥的河，在雨季是绝对不可能去的。我去的时候正是冬季，河里的水较少，深的地方有80厘米左右，乘吉普能强渡过去。第二天早上，见到了这个地方的头目。在这个未开化民族的地带，如果这个地方权威人物说"好，接受"这样的话，一切都万事顺利。在偏僻之地旅行，要利用这些地方权威人物打通各个环节。政府的官员在这偏僻之地基本上没有什么作用。我们来到这个地方后，从桃拉带来的向导，马上就找到了权威人物。他有一副被烈日晒得黑黝黝的魁梧的身体，穿着破烂不堪的衬衣，腰上还缠着一圈布。当翻译一说明我的调查目的，他就拿眼睛直盯盯地看着我西裤上的罩衫和登山帽，说到"噢，安排吧"。他没像政府官员那样说"柔弱的女子之身"之类的话，这对我来说比什么都高兴。正巧在我去部落的途中，各村的村长都来赶巴扎，这样就可以马上和他们取得联系。接着我们就在巴扎的人群中寻找他们。此时，在巴库玛拉的巴扎上，从巴基斯坦来的难民、从腹地来的加罗族人，个个风尘仆仆、汗流满面地往回走。就在被太阳晒得黑黝黝的半裸的加罗族人中,据说头上戴头巾的那位,正是村里的权威人物。见面时,他使劲地握着我们的手,表示欢迎。因为今晚我们要在他的村中寄宿。他们连到村里的独木舟也为我们准备好了,并准备了行李工和厨师,并说晚上一定要宰非常大的鸡来招待我们。

白天,一切都准备就绪,把两箱行李放在了船上,到晚上,我和翻译及所住村的村长三人乘上另一条船。前一天让向导回去了,这次准备了一个可乘六人的船,我们开始顺着萨姆沙河逆流而上。这条河在巴基斯坦境内距巴库玛拉约十公里远的地方,宽约一公里左右。越往上游幅宽越窄,两旁的热带丛林枝繁叶茂。水面如明镜一般,河水清澈见底,能非常清楚地看到鱼在水里轻轻地游来荡去。热带丛林树木的倒影映在河流的两边,美丽的热带鸟,展开她们鲜艳的双翼,随着我们飞来飞去。在强烈的阳光照射下,浪花四溅。这些船工说起因为被象所侵扰,自己的村里没有收成。在前方浅紫色的桃拉山系的衬托下,船工红铜色的身体如同一幅动人的剪影。在经过右岸部落时,突然,从树的上面传来了吆喝声。据翻译说,这是因为昨晚成群的象从右岸穿过河流到达左岸,他们吆喝是把这一消息告诉对方,让对方引起注意。村民们在这个时候常常在树上设一个观察象的瞭望哨。

一 阿萨姆

加罗族的妇女和孩子

天渐渐地黑了下来,我们一行最后抵达了同行村长的村子里。他们特意宰杀了很大的鸡,准备了很多酒,隆重地招待我们。村里的人们都集中在篝火边,非常热闹。老人们满是皱纹的脸上浮现出了微笑,还不断地感叹:"真是啊,这么可爱的女孩子一个人来的噢!"如果不是因为我们必须要去下一个部落,这种朴素的酒宴还不知持续到什么时候,我们委托村长准备好能坐三人的小船后,就在村长家的一个角落里呼呼入睡了。此时,村里的人们还在轮流敬着酒,放开嗓子大声地说着话。"日本来的女子"这样的话不时地传到我的耳朵里。

第二天早上九点,我们三人坐着小船、装着估计有十贯目左右的各种各样的行李出发了。这附近虽说是山岳地带,但也有一部分缓坡和平地。走在炎热的阳光下,我们满身大汗。途中我们又雇了一艘小船,过了三点,到达了要去的部落西玖。在对着萨姆沙河的沿岸,一座座黑黝黝的用竹子建的家屋并排着。这个部落现在还处在悲痛之中。因为昨晚本村的一位妇女被象惨害。我们先去了昨天在巴库玛拉的巴扎上遇到的村长的家。村长的家没有窗户,非常灰暗。地炉前围着一群男子,拿着葫芦瓶正在喝着酒,好像在商量着什么事情。

村长把我们招呼进去,让我们坐在聚会的这些人中间,村长通过翻译告知我们,那位昨天被象所惨害的女人的丈夫,他是一位30岁左右的加罗人,怀里抱着一个吃奶的婴儿,两侧依偎着一个2岁左右的男孩和一个4岁左右的女孩。妻子被害,使这位男子非常痛苦,好像有些不知所措。据说,昨天下午,他和妻子在从原野中往回走的路上,突然遇到了一头大象,他的妻子惊叫后不久,这头大象就向她猛扑过去,用前脚踩死了她。他虽然奋不顾身用斧头打象,但还是没能阻止这一悲剧的发生。这一惨剧对他来说仍然历历在目,心有余悸。

大家聚集在这里,是商量选谁来做他的下一任妻子。在加

加罗族的房子之一

罗族中,夫妇中一人甫一去世,亲属们(村里的人都是亲戚)便马上聚集在举行葬礼的地方,来决定后任妻子,这已成为习惯。对于母亲来说,丈夫一死,当女儿在有女婿的情况下,马上就把女婿作为自己的丈夫。即女婿要做岳母的丈夫,成为母女二人共同的丈夫,这亦成为一种规则。因此在加罗族中寡妇和鳏夫几乎没有。

正如前所述,加罗族是母系制,尽管家、财产、孩子都属于妻子,但重要的、要商量的事情,全部由男子来决定。他们在里面的屋里商量,女子不在里面待,而是待在门口处,她们一边吃着饭、看着孩子,一边听男人们商量大事。

　　母权制和母系制有显著的差异。母权制是女性掌握这一社会的政治和权力的一种制度。这一制度过去可能在任何地方都存在过,但现在不管在世界上什么样的社会中都已不复存在。而母系制继承是按着母系的系统,在经济生活中,财产的所有权属于女子(最年长的),而管理权属于男子(最年长的),家长由男子来当,和外面的交涉全部由男子承担。因此部落长、村长常常是男子。母系制社会的诸多方面是父权制的。在母系制社会中,所有家庭的妻子与我们日本招女婿的女儿处于相似的地位,确实是母系制的女性,比父系制的女性要优越,明显处于比较高的地位,但绝不能说比同一母系制的男子的地位要高。加罗族的男子曾这样说:"如果自己被老婆欺负,最好扔掉这个'嘎叨'。"嘎叨类似于兜裆裤,加罗的男人穿的衣服主要为兜裆裤。在他们看来没有嘎叨的样子是非常羞耻的,因此,没有嘎叨与其活着还不如去死。加罗的男人在战争的时候,用右手高高地举着细长的白布叫喊着"哎哎,在这儿挂着呢,过来啊,如果输了这个嘎叨给你!"所以,被老婆欺负对于母系制的加罗男人们来说无论如何都是非常可耻的事情。

　　在他们看来,女人是弱者,男人们应在田里好好劳动,猛兽

加罗族的房子之二

来了男人们应该义不容辞地去保护她们,他们对此有非常强的意识。但是,入赘的丈夫为什么能有如此高的地位呢?这从社会人类学的角度来看也是一个很大的问题。从调查来看,首先,两个村互相结婚(即交换男子)。在一个村子里,大家都是从有血缘关系(母系)的家中分出来的,所以就要选择和对方完全没有血缘关系(母系)的村落,这就是族外婚。其目的是为了避免血亲结婚。由女儿继承的人家在招女婿时,父亲一般是选择自己姐妹的儿子中的一个嫁过来。自己姐妹的儿子和自己的女儿结婚，就成为姑表关系，按我们的看法这是有血缘关系的，不过很多未开化民族只把父方或母方的一方视为血缘关系，这是族外婚的一种形式。即他们认为自己的女儿属于妻子的家，是妻子的血族中的一员，而自己的姐妹属于与此完全不同的其他的血族，因此女儿与她们没有血缘上的关系。这样，入赘的年轻的丈夫，其岳父因为是自己母亲的兄弟，岳父和自己出于同一血族，具有非常亲近的关系。这和我们社会中的入赘不同，他们是非常幸运的。而且，加罗族的求婚特别与众不同。

加罗族的一对夫妇

首先,A村的父亲给女儿从B村自己的外甥中选择出合适人选后,提出结婚。对方的父母即使想答应,也要先拒绝。于是,A村提出结婚的父亲和A村还未结婚的年轻人约十几个人聚集在一起,突然袭击B村,把选中的青年抢走。回村后为了不让这位青年跑掉,他们手挽着手组成横队,一刻也不离地在那里看着他。一到夜晚,人们蜂拥着把这个青年带到等着结婚的姑娘的家,让这位青年睡在姑娘的身旁,这一天,年轻人都在这家睡觉。等大家都进入梦乡后,这位青年趁着夜色就逃跑了。这时,加罗的丈夫们就说,大象和老虎绝不能害怕。这青年逃走后一周左右(或一个月左右),A村的青年们再一次去抢那位青年并把他再次带到A村来,重复和第一次那天晚上一样的情景。这样反复三次,如果这位青年喜欢对方的姑娘,就勉勉强强地答应结婚。

对于了解加罗族这个非常有意思的习惯的人来说,会自然联系到母系制。加罗族是女人之国,表面上看,是男人被抢来结婚,实际上与此相反,这种求婚具有非常深远的意味。对于男子来说,越逃越好,不管怎么喜欢对方也至少要逃跑三次。如果来一回就结了婚,会被人讥笑为那家伙一定是求之不得,惟恐没人和他结婚,由此认定他是一个没有价值的男人。在求婚期间,他的言行绝对不能让妻子一方抓住弱点。这期间,提出结婚的女子要做各种各样的努力,有时这位姑娘去B村给那位青年的父母家帮忙，也帮着做些农活。而且一定要让他成为自己的丈夫，把自己依托于他来保护，这种依赖感越强，婚后丈夫的地位就会越高，权力也就越强。入赘的一方，实际上第一次去妻子的家后，本身就处于劣势。在结婚前，他会尽可能地掩盖这一点，而且要说："就勉勉强强结婚吧，你们那么需要我！"这样，结婚后他说话才有人听，在家中才能有较高的地位。如果一次也不逃就结了婚，婚后被妻子欺负的可能性就加大。

像这样，虽然母系制乍一看被认为是女性非常优越的社会，实际上男子的地位却也很高。

在被大象夺走其妻生命的那个丈夫，在决定新妻的协商会上，好像备了很多的酒。当地产的酒的那种很闷的气味，充满了整个竹屋，而且绵延不断。我绕着村子看了一遍这个部落的每家每户，回来的时候有一种总算看完的感觉，出了一口长气。此时酒宴还在继续着。他们几杯葫芦酒下肚后，就向我们连珠炮式地问起问题。在火光焰焰的火塘旁，围坐着酒气醺醺的村民们，他们在嘈杂声中瞪着闪光的眼睛，想听关于我的事情。为什么来到这里？以后要去什么地方？而我也成功地打听出关于村里的土地情况、亲属关系的情况、以后进入腹地的事情等。加罗族的人们特别高兴，争先恐后地回答着我的问题。这里的人们性格特别粗犷，他们自己也承认这一点。在回答我的问题时，如果谁和自己有不同的意见，就猛扑上去大声地狠狠教训一番。而且，每一个问题大家都吵吵闹闹争个不停，以至于翻译都开不了口了。

这时村长的妻子把饭盛在香蕉叶上，把不知是什么样的肉（后来才明白，香蕉叶子上有大龟肉，此外还有鸡肉）和辣椒煮在一起来吃，我们想让厨师（船中有一人兼做厨师）来做，但村长一定要款待我们，不听我们的。我们走了很多的路，正好肚子也饿得咕咕直叫，也就不想那么多了，同加罗人一样，从香蕉叶子中用手抓着吃。不知为什么，吃的时候我总觉得有些很奇怪的东西，我就借着煤油灯的灯光一照，令人吃惊的是带趾甲的鸡爪和没有剃过毛的鸡头，烧熟后原封不动地端了上来！我一看就惊呆了，食欲一下子就没有了。尽管如此，还是把那些非常辣的辣椒汁和粗米饭填到肚子里，感到好不容易才把饭吃完，总算填饱了肚子。

晚上，大家闹到很晚，兴奋的交谈与醉醺醺的加罗人的体味交织在一起，有一种特别的气氛。人们不断地给我敬酒，我拿出香烟，围在火塘边，尽情地品尝着这里的一切，我渴望知道的未知的世界突然间呈现在我的面前。感叹声和笑声交织在一起，人们一直闹到深夜。而在外面，或许大象和老虎为了获取食物正在转来转去。

一看表已是晚上一点。未开化的人们因为没有时间观念，如果一高兴不管多晚都要兴奋地聊天。我因为连日的奔波，非常劳累，实在应付不了。结果，把答话的事都托给了翻译，便把折叠榻榻米式的床打开，铺开了睡袋。这时大家用惊异的眼光注视着这一切，我很快地钻进了睡袋，他们好像呈现出一副看魔术表演似的表情。我尽管闭上了眼睛，他们还是围在我身边喋喋不休地说着什么。偶尔我也睁开一条缝，不由地一笑，更让他们感到有意思，他们也更加说个不停，女人们还止不住地咯咯直笑。这时我困得怎么也抵挡不住，终于在众目睽睽之下晕晕乎乎地睡着了。

第二天，我一睁开眼就看见家门口来了很多村里人。翻译说大家在等着我给他们看病。于是我很快洗了脸，喝了些红茶，吃了些饼干做早餐。我心里纳闷着，他们都是来看病的吗？昨天，我给一个被斧子砍伤的少年上了药、打了绷带，这样全村人就把我当成了医生。如果是外伤还能治一下，但是像治疗盲眼病、中风等，别说我不能治疗，即使我说没有这方面的药他们都不会相信。最终，我没有办法，只能给他们一些仁丹让他们回去了。那些得了疟疾病高烧得哆哆嗦嗦的人、肚子里长了蛔虫而面部发青的人，还有那些怀孕的妇女等，我对他们寒暄了几句，给了他们一些药,也让他们回去了。但最终我没有提到的是麻风病患者。他们刚生下来就能看出有麻风病来,手脚腐烂得看起来非常可怕。我通过翻译问他们的妻子和孩子怎么样,他们告诉我妻子和孩子并没有得这种病。就这样,我给他们的治疗到此结束了。因为要马上出发,就让人们去准备船。翻译用英语说,"我可不想在这个村里再待下去了,赶快上路吧!"我给了小孩一些糖,感到非常遗憾,从今天开始我就要到下一个部落去了,于是匆匆忙忙地准备出发。

今天映照在热带丛林中的太阳,特别地毒辣。我们向前走了十分钟左右,回头一看,身体非常强健的两个村民,拿着长长的棍棒跟在我们后面。我问翻译这是怎么回事,翻译红着脸说:"对不起,因为我害怕象,未经你同意就找了两个村民做护卫。"翻译尽管也是加罗·黑鲁人,然而昨天所听到的事情好像让他非常震惊。按照预定的计划,三小时后我们与从其他巴扎回来的一行人汇合。不过在这之前,由那两个村民给我们带路。

从小河上了岸,我们看到大树下有二十多个村民好像刚从巴扎回来,他们放下背上装着鸡、山羊、干鱼的筐子,正坐下来休息。不同部落的人们聚集在一起,好像还分成了几个小组。在这里我们也把饭盒里的饭放到香蕉叶上来吃。该出发了,但是哪个组在前面打头还难以决定,因为大家都害怕大象。最后确

1955年秋，加罗·黑鲁——野生的象、老虎、豹经常出没的地方。出门远行的人们尽可能结伴。照片中的两人，是帮助作者拿行李的脚夫，对面那些人正等着与他们汇合，结伴而行。

定由体格健壮而又勇敢的年轻人来打头，我们紧随其后，在热带丛林崎岖的山道上排成一列，向前行进。脚夫不时地停下来告诉我们，那是大象的路。仔细一看，要想穿过热带丛林深处、树木林立的地带，就如同要凿一条类似于隧道的路出来。我们走的路，到处能看到柔软的、非常多的大象的粪便，这说明昨天晚上大象经过了这里。在靠近部落的地方，在大树上面建了小屋，如果天太晚了，人们赶不回部落时，晚上就在这些小屋中过夜。另外，在这上面要堆上很多石头，晚上当看着大象晃晃悠悠地过来时，人们就用这些石头来砸象，直到把象赶跑为止。大象非常喜欢加罗族种的粮食山芋和芋头，一到了收获的季节，就匆匆地跑过来。大群大群的象，一夜之间，能把部落一年的农作物，全部连根拔掉，一扫而光。所以在加罗·黑鲁常常能够听到一些部落因此而生活在饥馑之中。此外，尽管水稻等农作物大象不吃，但因为大象在周围种山芋的地里不断出没，水稻即使到了应该收获的季节也不能收获，这种情况常常持续到冬天来临的时节。

加罗族实行刀耕火种，每年都要开辟新的热带丛林来耕作。从12月到1月进行采伐，一直持续到3月。砍倒的树晒干到3月底左右就用火烧掉，烧过的灰在4月初，一下雨就融到了地里，接着开始撒播米、粟、棉花、辣椒等种子。因为完全是撒播，土不能覆盖在上面。我不由得担心，像这样，种子在那里扔着，鸟会把它们都吃掉的呀！然而我得到的回答是，鸟不可能全部吃掉这些种子，没有关系。确实如此，一看播过的地方，正巧鸟在啄食，就好像作了疏苗一样，啄过后苗的间隔非常合适，这很令我吃惊。不用说，有些苗在一些地方长势过于茂密，而在另外一些地方长势过于稀疏。而球根类植物要用锄头一个一个地种。

采伐密林，把灰作为肥料，对于农作物的成长收获有很大的好处。如果顺利，能得到供两年食用的粮食。一年的收获结束后，第二年再开发另一处密林，这样每年都要换地耕作，十几年后，再回到最初的地方。那个时候被弃掉的田再次变为密林。刀耕火种就如同我们想象的那样，需要非常多的土地。在热带丛林中，有时走一天也看不到一个部落，不过，即使在这样的森林地带，这些地都属于不同的村落所有。不同村落之间的土地一定都有界线，在山顶和小河边都放有石头作为标记。然而，由于地域太大，十几年后界限渐渐变得模糊起来，开始发生村与村之间的土地纠纷，因这种原因，以前还会发展到猎头之战。

土地虽然属于村里共有，但不是原始共产制，每年的耕地按各家的人员比例进行分配，除去开发热带丛林外，生产和消费都是以各个家庭为单位。因此,会干活的人家和家里劳动力多的人家就比较富裕。

我们走上了岔道,在从一个部落到另一个部落的途中,看见在大树上搭的小屋,这不知是哪一个部落为了今年的耕地,在采伐热带丛林时,特意选择了这棵大树搭建了这个瞭望小屋。大象和豹今年仍横行于没有搭建小屋的土地上。一到了收获期,大象就瞄准了土地,而虎和豹则瞄准了部落里那些经过一年辛劳饲养的鸡、猪和水牛,它们在村子附近虎视眈眈地走来走去。因此,与其说这些野兽与人迹罕至的热带丛林贴近,还不如说与人类更为贴近。在这个地方,露营生活几乎是不可能的。

从搭建在大树上的小屋四处望去,留给我的印象是,这里是非常有特点的大象出没的地带。大象一跑起来又凶猛又快,这时人们只能迅速爬上这个小屋来避难。我一边留心每个小屋的位置,一边向前步行。在接近目的地龙巴给里村时,才发现只剩下我们一行五人了。途中大家纷纷去了其他部落。突然间从热带丛林中出来,看到家家户户并排的加罗部落时,让人感到非常壮观,我有一种说不出的喜悦。我们总算平安无事地通过了大象出没的地带。由于害怕大象,我们走得很快,到达部落时正好刚过三点。和往常一样,我们把行李放在村长的家。这个时候

加罗族的少女

村里的人还没有从田里回来,部落里非常安静,有一位老大娘正在屋檐下纺棉花。穿过部落中清澈的小溪,它发出潺潺之声缓缓地流过。在西姆萨河的上游分散着很多小的瀑布,在大的岩石的背后隐藏着暗绿色的深渊。看着这美丽的流水,真想立刻跳下去游泳,我同翻译和女孩们从河崖下去沐浴。只穿着一件衬裙跳入绿色的深渊时的心情真是棒极了!洗掉连日行军的汗水和尘土之后,真有一种重新活过来的感觉。当我们回去的时候,挑夫摇身一变成为厨师,给我们端上了红茶。

一　阿萨姆

文明人的出现和猎虎

我喜欢冒险和到偏僻的地方去旅行、考察,和未开化民族有过很长时间的相处经验,在生活等方面,没有任何问题。我在野外调查时,经常会遇到如下这般情况:帐篷中如同蒸笼一样地闷热;在微弱的煤油灯光下,记笔记、读书、整理资料;对于食物更是不能挑剔,以罐头充饥,把难以下咽的树丫和鹿肉加些生盐和辣椒后,强忍着吃到肚子里;至于围在篝火边来吃当地人离奇的食物、喝当地产的苦涩的酒,是经常的事情。在缺水的地方,有时十天也洗不上一次脸;在热带丛林的行军中,还不得不忍受手脚等被擦伤的疼痛。晚上,躺在睡袋里时,耳边还不时地传来老虎的咆哮声。忍受如此肉体的痛苦所换来的正是野外生存的喜悦。在野外工作中,我所体味到的精神上的享乐是无法用语言来形容的。正是由于我热衷追求这种富有冒险和创造性的研究过程,才使我忘记了所有的恐怖。

在热带丛林中我常常想,我所拥有的东西仅仅是一个很小的帐篷,这个帐篷哪怕是有人想用王侯贵族的宫殿来和我交换,我也不会给他。热带丛林的生活对我来说太有乐趣了。但是,经过两三个月和未开化人的生活后,也开始浮上一股思念"文明人"的乡愁。这些没有文字的人们的思维方式、所关心的事情、喜怒哀乐等和我们有着本质的差别。在他们那里，那种抽象化的思考、意志上出现的如灰心等"文明人"的烦恼，以及为了解除精神上的压力或痛苦所进行的平衡训练等都不存在。这个社会上的每个人，都适应所处社会的要求，在原始的社会生活中扮演各自的角色，而且，不断循环着非常单纯的生活。因此，每个人的一天都在持续地做着非常有规律的事情，就如同学校的作息时间一样，从早上到晚上，学习、睡觉，安排得非常清楚。

每天，从早上到晚上，和这些非常单纯的人打交道，做着完全类似的事情，不知不觉中，我的思考方式和他们的也变得相似起来。而对文明人那种抽象的思维、不畅快的含蓄的言谈，连我自己都觉得很累。

在阿萨姆的腹地，我也曾巧遇来这地广人稀的边境视察工作的印度军官和地方长官。当和这些人相遇时，就好像经过长时间沙漠旅行的人好容易才摸索着找到绿洲时的那种感觉。在这些视察边境的印度官员中，有很多年轻有为的优秀人才。他们是完全具有西方的修养和受过良好教育的人才。他们大多是名门出生，举止文雅，而且也在专心致志地为建设新兴的印度不断努力着。政府也要支付给他们非常丰厚的薪水，这使我非常感慨地联想到，在日本所看到的那些小家子气的、常摆出不自然姿势的官员，真无法和印度的这些年轻的官员相比。在印度的行政组织、边境机构中有非常多的优秀人才,我作为一个日本人从心里感到羡慕。印度在国际政治舞台上的出色表演,是众所周知的。在国内特别是在非常难处理的未开化民族问题的边境地带,配有优秀的人才,这些边境官员能够灵活而又富有成效地处理边境和民族事务,这是一般的下级官吏未必能处理好的问题,这些令我非常佩服。在热带丛林的生活中,对于听惯了知识贫乏的未开化人的语言和翻译的不规范英语的我来说,听到这些边境官员的那种流畅的英语,真感到有一种心心相印的说不出的喜悦。在阿萨姆邦让我难以忘怀的,是与这样一位高级官员在一起猎虎的情景。

那是在深秋,一个收获的节日里。突然,有地方长官来视察我调查的部落。他在他的帐篷里用咖啡招待我,他很久没有见过像我这样的文明人,显得非常高兴,目光也变得炯炯有神,说到"纯粹做这样的工作,有时连我的脑袋也会变的"。他和部下说孟加拉语①,从他的样子我看出他出生于西孟加拉。我很久没有听到孟加拉语这样美的语言,这样的诗和音乐,这令我非常愉快。

---

① 孟加拉语又叫班格拉语,属雅利安语,更接近于梵语。——译者

当太阳落在热带丛林中后，在黑色的森林上面，挂着一轮明月，不一会儿，硕大的月亮开始露出了脸膛。这一晚接着过收获节，同时也欢迎长官的访问，卡侬盆族开始表演起舞蹈，鼓手开始敲打出欢快的乐声。当我和这位官员来到篝火旁时，部落里的男女老少都已聚集在那里，在篝火旁开始跳舞。不知放了多少个硕大的酒壶，人们把酒斟在葫芦中相互敬酒，也给我们敬了很多次酒。咚咚的鼓乐声好像连森林中的恶魔都能诱惑出来。这种鼓声和吼吼的原始音节与手工制的乐器声融合在一起，形成了一种特殊的氛围。在这些打击乐的伴奏下，人们一边唱着单调的不可思议而又带有哀愁色彩的歌曲，一边展示着那种充满性感的舞姿，渐渐地他们的灵魂也被带入到一种原始的醉人的世界中。在月光的映照下，他们围着篝火，眼睛闪烁出充满活力的光泽，发了疯似地狂饮狂跳。我也非常兴奋地陶醉在热带丛林中野生的异国情调之中。猛然间我往旁边一看，只见那位官员微微一笑向我投来热情的目光。这并不是未开化人那种可怖的、本能的狂舞中闪着光泽的眼睛，这一眼神折射出具有三千年悠久历史的印度文明所孕育出的神秘深渊中的热情和奔放。我把眼光投向对这种文明的思考中，在此之前，我从来没有感受到这一点。而且即使对于印度人而言，感受像这样的"文明"也是第一次。我也特别地陶醉在朴野的这种狂热之中，我为神秘的印度文明的热情所倾倒,一直到东方破晓之时,热情的卡依盆人端着葫芦酒杯还在互相敬着酒。

在周围其他地方考察了两三天后,晚上我和官员一行一起回到部落,支起了帐篷。在树荫下正和两、三个部下说话的这位官员,笑呵呵地迎过来对我说:"我们正在商量今晚猎虎的事宜,你也同去吧?"有生以来,我从来没有受过如此的诱惑。

"猎虎,的确可以吗?"

猎虎对我来说,近乎童话。确实,来这里的时候,尽管常听人劝告,虎和豹常常出没,晚上一定要注意,但是像体验猎虎这样刺激的事情我压根儿就没有想过。

我不由地脱口而出:"能打中吗,我好担心呀!"一旦有差错,反倒要被老虎吃掉。我们没有其他的防备设施,只有这位官员有一支枪,全要依赖他,这确实很危险。不过,据说他有多年的猎虎经验,此时,他好像看出了我的心思,向我说道:"不用担心。"翻译也从旁说:"长官是这个州有名的猎人。"到现在为止,印度的高官我只见过他一人,这时我猛然间开始意识到他是一个非常出众的男子汉。他长着长长的睫毛,深邃的眼睛,比日本人稍深的肤色,因常常进行体育锻炼,练就了一副强壮的身躯。他的身材看上去有一米八,胸围是普通人的两倍,就如同钢铁铸

卡依盆族的男人们

成的一样坚实。他穿一身草绿色的旅行服,不知为什么看起来总觉得他是那样的天真单纯。尽管如此,在我看来他是世界上最强壮的男性。想到这里,刹时这种安全感和冒险的刺激互相协调起来,我的心也踏实了,感到特别高兴。

老虎出来也有具体的时间。日落之后,老虎一定要来饮水。因此,晚上10点、12点、3点左右,是老虎到处窥视寻找猎物的时间。在这个时间,老虎会出人意料地出现在部落的附近。我们以10点和12点为目标。晚饭是在长官的帐篷里一起吃的。吃着烤鸡肉、咖喱鸡蛋、米饭、沙拉(在他的食品箱里,放着新鲜的绿色生菜和西红柿,这对于渴望蔬菜的我来说,真有一种喜出望外的感觉。这里的未开化民族只是种一些谷类和球根类植物,根本不懂得蔬菜的栽培),到出发前,我们一边喝着拉姆酒(用糖蜜等发酵酿成),一边完全沉浸在今晚要去猎虎的兴奋中。

他结合以往的经验,向我说明今晚要去的地方的特点。据说打虎时,距虎仅有5米左右,这样才能保证在瞬间打中。听到这些我的心怦怦直跳。不过,他的部下有两人也是优秀的射手,据说像三人都失败而被老虎吃掉的情况几乎没有。在印度的热带丛林中,除普通虎之外,还有称作"蒙·依塔"的虎。如果不能一次命中,给它致命的伤痛,它反过来会突然袭击人。此外,老虎嗅到人的血和体味,也会过来,只要看到人,一定会扑上来吃掉对方。在热带丛林，一说到有老虎，未开化的人们都非常恐惧，并且相互告知，还常常到长官那里去报告。他们把能射杀老虎的人，视为优秀勇敢的象征。

"今晚去的地方好像没有蒙·依塔虎吧？"我一打听，这位长官就微笑地说到："这个州在××地方的热带丛林中有一头，不过不会来这个地区，放心好了。当然我也很想尝试打一只蒙·依塔虎。"在这个州的某个地方，一个村里人被蒙·依塔虎所残害，在他被吃了一半的地方每天晚上都有蒙·依塔虎来吃剩下的肉。我听着这些可怕的事情，想都不敢去想，不由地说到："求你了，那样的冒险还是放弃吧！"他猛地拿起杯一干而尽，直起腰说："没关系，好，出发吧！"下定誓与老虎决一死战的决心后，他的眼睛在一瞬间好像燃起烈火一般，我发现他突然间现出严肃和决断的表情，就好像在冒险之前，面临突然出击的敌人一样，而我的身体也马上紧张起来。

从帐篷里出来，热带丛林已为黑夜笼罩，闪着皎洁星光的南国的星星如同挂满天空的宝石一般闪出耀眼的光泽，凉飕飕的夜风扑面而来，令人心旷神怡。为了御寒，我从头到脚都加上了防寒服，因为喝了拉姆酒身上很暖和，总觉得增添了无数的勇气。不知什么时候已准备好了两头象，几个穆斯林教徒牵着象正等着我们，他们从头到脚都蒙着白布。牵象人"嚎依嚎依"一吆喝,象就曲起腿卧下来,我从象的尾部轻松地爬上了象的背部。牵象的人从前面抱住象的鼻子,象非常娴熟地举起鼻子把他轻轻地放到头上,他正好骑在象的脖子上。我的后面是长官,长官的后面是当地人,以及长期跟随长官的人,另外一头象由长官和他的三个部下同骑。

象的背和马的背相比,不如马的背宽,但对于腿短的我来说,就是跨不过去,我只好把两只脚放在一边横侧在象腰上,为了不掉下来,我紧握着象背上打了几圈的粗绳。牵象的人一给信号,象猛然间站立起来开始行走。象一迈步,我能感觉到它背上的骨头一大块一大块地动来动去。象走的速度很快,如同人跑起来一般。一到热带丛林的深处,象一边挥舞着鼻子,吃着香蕉叶、羊齿(一种植物)、棕榈、矮的竹子,一边用鼻子来开路。在夜深人静的热带丛林中,象那种叭呖叭呖把树折断的声音显得特别刺耳,我们的身体已被两侧林立的树丛中的露水打湿,这些树丛遮住了我们的视线。

在这种密林深处行走了一小时后,视线一下子开阔起来,前面出现了一片此起彼伏的丘陵地带。正在这时,月亮从东面山上出来,明亮的月光照射着周围的一切。仔细一看,这里原来是某一个部落去年刀耕火种过的地方。到处都是一片冬天的景色,高高的树梢上树叶几乎落完,在月光的沐浴下,耸立在忽暗忽明的天空中。我们的影子在月光的映照下落在地上，骑在鼻子长长的象背上的人影如同在梦中晃晃悠悠地走着。在印度旅行还从没有过如此愉快的感觉。已登上前面山丘的另一头象，在热带丛林的大自然的背景下是那么的渺小，它的一举一动都让你感到自然之美。这与动物园中象的世界是完全不同的。

突然，右面丛林茂密处好像有什么东西在动似的。我不由得惊叫一声"啊，那里好像有什么东西。"这时，后面的长官贴近我的耳朵，连拉姆酒的气味都能嗅到，他压低声音低语道："嘘，不要出声！大象会跑的。"我这一叫，大家都静悄悄了。我胆怯地想，坐在象背上，如遇上猛兽，该怎么办？渐渐地越往前走，一些野兽开始跑开。

后面的长官部下用狩猎用的火炬照着茂密的丛林，长官也在咔嗒咔嗒准备着枪，看到这些场面我真有些紧张。被火炬照射的大树下面，刹那间，美丽的小鹿如同热带丛林的精灵出现在眼前，横着看，确实让人联想到豹，她露出了半身，另外半身敏捷地藏匿起来。牵象的人非常勇敢地带着我们深入到茂林地带，一边留神仔细听着，一边牵着象往里走去，鹿和野兔、野猪看到我们都向周围跑去，我所看到的鹿的影子也消失在丛林中。

在那边小丘的侧面，传来了"叭、叭"两声枪响。我的心为之一动，噢，他们是不是打到虎了？象继续往前走着，这时正好他们三人从象背上下来,把奄奄一息的鹿送给象吃。我这时感到精疲力竭。已经是晚上十一点了。长官决定在下一个虎出没的密林深处的沼泽地旁等着。

那是老虎经常来饮水的地方。而且据说长官曾经在这里打到过虎。原来所建的小屋现在还在,我们进到里面,在靠近窗户的地方,静静地等着机会。这里,丛林茂密,月光照到沼泽周围,但虎出没的岩石附近却是一片漆黑。尽管这样,虎一来人们还是能够知道的,据说虎出来时,两个眼睛特别地红,闪着耀眼的光芒。我也在期待着那两只鲜红的眼睛所带来的恐怖的刺激,虽然两小时过去了,但老虎的影子还没有出现。

我们放弃了这个地方,继续往里走。两侧仍是漆黑的密林,此时我的情绪也开始有些低落。这时前面突然出现了宽 10 米左右的河流。因为是干旱期,河里的水特别浅,岸边处河水正好到象的肚子处,我们骑着象在水上走着。一小时过去了我们还在哗啦哗啦的水声中行走。在热带丛林中大象是最好的交通工具。他们说这么长的时间在水上走肯定有问题,原来好像牵象的人迷了路。因此,在东方透出鱼肚白之前,我们只能在这里漂泊了。这时我的脚特别冷,加上老虎又没捕到,我的心情也变得郁闷起来。我们好容易才走到一个大约有 10 户左右的小部落,拢起了篝火。大家都默默无言。没有比空手而归更令人沮丧的了。

第二天，长官过来说还要再去。我因为昨晚的经验，真想打退堂鼓，但又怕今晚万一真遇上了，那就错过了机会，所以还是高高兴兴地做着准备。听说今天乘吉普去平地方向，我放心了许多。骑着象旅行虽然好像很罗曼蒂克，但一晚上骑下来，感觉很不舒服。

九点过后，从营地出发，热带丛林在汽车前灯的照射下，呈现出很多白色的曲线，我们乘车沿着一条路前行。途中，我们在行驶的吉普车里大声地说笑着，也没想到老虎会出现。突然，在车灯的照射下前面约10米左右的地方，一个黄色的东西横穿过去！我们马上停车，紧张地屏住呼吸。长官和部下咔嚓咔嚓正托着枪准备射击的时候，老虎已消失在丛林之中。只有我留在吉普里，大家在丛林中仔细地寻找虎的踪影，结果是败兴而归。坐在助手席上的我，第一次亲眼看见虎的全貌，心里很兴奋。尽管也想到一些恐怖的情景，然而虎在路上出现时的姿态确实有一种魅力，值得人们去感叹。我在那一瞬间完全忘记了所有的恐怖，目光闪亮。

那晚我们在那里一直坚持到十二点以后，老虎还是没有出现。这时我已精疲力竭，迫不及待地说："太想睡觉了，我们回去吧！"随后我们一起取回帐篷。长官握着方向盘，下来对我说：

一 阿萨姆

"今天晚上不管怎么样都要打到虎,一定要再去一次。"

"不行,已经过一点了,和昨晚一样,马上要天亮了。如果能带虎而归那当然再好不过了!可我还是要睡觉。"

"噢,那我真的打到虎带回来怎么办?"

"……"

我一时语塞。他直盯盯地看着我,在月光的沐浴下,突然笑眯眯地说到"吻你",话音刚落,他就开动了汽车,全速行驶在热带丛林的黑暗中。

部落夜深人静,寒气逼人,冷到了我的骨头里,我赶快钻进了帐篷。用手电筒照着,从食粮箱中取出马鲁齐尼(饮料的名字),一饮而下,就钻进了睡袋,很快进入了梦乡。

早上,吉普车渐近的声音打破了沉静,睡眼惺忪的我一跃而起,从帐篷的缝隙向外一看,从我们支帐篷的小丘下面渐渐开过来的吉普的上面,有一个黄褐色的东西。我匆匆忙忙地换上衣服,刚理了一下头发,吉普车就停了下来。

"中根小姐!中根小姐!"长官急匆匆地喊叫着我的名字。我钻出去一看,只见他还拿着枪,就像凯旋的将军一样,部下和当地人围在他的旁边。

"呀,终于打到了!"

我抬头看着他,就如同在原始时代,过着穴居生活的人们,

卡依盆族的房子

去迎接捕到猎物胜利而归的父亲和丈夫的妇女一样，洋溢着一种野生的喜悦，战战兢兢地靠近刚被枪杀的年轻的老虎前。从老虎坚硬的牙齿中间穿出的肉色的舌头足有两厘米，我轻轻地用手指触摸，好像还热乎乎的。然后我试着触摸这个满是黄黑相间的条纹的身体。像针一样坚硬的毛，因流汗还湿漉漉的。这时，他也掩饰不住内心的喜悦，告诉我，分手后，他就进了热带丛林，快到拂晓，已经死了心正往回走时，突然这个家伙出现了，他在戏剧性的瞬间扣动了扳机，然后在附近的部落拢起篝火休息,等到早上才赶回到了这里。当地的人们已经完全把长官作为英雄,其尊敬之情从他们的表情上就能看出。

"像你这样能打死虎的人,在这里确实受到尊敬。如果不具有这种资格,实行未开化的民族政策是很困难的。"

他在这个邦确实是很有人缘。在这种野生的地方,身强力壮的他确实是一位优秀的官员,这和日本那些整天沉醉在筵席中堕落的官员形成鲜明的对比。我心里说:"这不仅仅要领会未开化人的心,而且也要认识在东京长大的我自身"。

部落的人们去了田里后,我们在热带丛林的树荫下,摆开了酒宴。热带的阳光穿过高高的绿树梢编织成的绿色绫带,给我们创造了一幅心境至美的图画。我们不停地干杯,我对他微微笑着,心中在想,如果是未开化人打死了老虎,也不会有这样的魅力,他的魅力其实正是形成于成熟的孟加拉文化和欧洲式的教养以及野生的世界交织在一起的东西。

厨师为了纪念主人的功劳,给我们做了非常特别的印度料理。在孟加拉人编织的鲜艳的铺席上面,我们一边用手抓着咖喱饭吃,一边在体味感受着像热带丛林中的小鸟那样自由地生活的那种野生的喜悦。我们在爽朗的笑声中开怀畅饮。

"喂,这次我真想看你面对着虎的那一瞬间。"

这个时候,该是多么美好啊,我确实喜欢上了他。但是,我的这个梦最后并没有实现。那以后不久,在他再次视察访问这个地方前,我已结束了在那里的调查,继续忙于在喜马拉雅、南印度的研究旅行。

访问激战后的猎头部落

1954年6月,那正是印帕鲁之战的悲剧发生后的第十个年头。我从和平的印度教徒聚集的玛尼普鲁盆地的中心印帕鲁出发,到东北的山岳地带、塔考鲁-纳嘎居住的中心地带维库鲁鲁。从印帕鲁出发到维库鲁鲁有45英里的路,这段路是印帕鲁之战时,英军为了抑制住日军的战略推进而紧急修建的。这段路要翻过重重山岭,行走起来非常困难,也只有吉普车才能穿过。因为是雨季,道路特别泥泞湿滑,更增加了几分危险。当吉普车翻越泥泞的山坡时,非常艰难,我们没有办法,每次都要下车一起来推吉普车。上午十点,正下着雨,我们便从印帕鲁出发了,到达维库鲁鲁正好是晚上八点刚过。维库鲁鲁海拔6千英尺,屋檐挨着屋檐的人家有300户。印帕鲁作战时,日军以攻击印帕鲁和攻克考非玛为目标,曾有两个师团驻扎在那里或从那里通过。在南面隔山相望的是萨嘉库,甚至在印帕鲁战役中也是最大规模的激烈战场。据当时随军作战的通信员今井幸彦氏的记录《秘录大东亚战争史·缅甸篇》载:

一 阿萨姆

"从山顶向下望去所看到的维库鲁鲁的多个地方火势甚猛,炮声隆隆。我们终于在下午六点进入了盼望已久的维库鲁鲁镇,按照预定计划,我们要从青咚温河开始行军7天走120公里。……敌人虽然没有抵抗,但并没有放弃维库鲁鲁。守备队全力以赴集中在维库鲁鲁南面15公里的萨嘉库高地(5537英尺),在这里展开了最初的大规模激战。……在联队举兵出动的命令下,我急行到萨嘉库的最前线时已是26日(3月)的晚上,那里火光冲天,浓烟滚滚。从大路到司令部的小径附近,我方头缠纱布的重伤员和血淋淋的敌人的尸体到处皆是。山岭的右侧从敌炮兵阵地径直从左侧而过,只有我一人开始登上司令部的小路……"

这里记载了这一战斗的情况。战争过后的十年,这里经历过风风雨雨,山顶上好像什么都没有。在这个非常寂静的萨嘉库部落,人们回忆着当时的事情并告诉了我。当塔考鲁·纳嘎的人们知道我是日本人时,那种憎恨和恐怖的令人不快的情绪交错在一起。他们瞪大眼睛用异样的眼光看着我。当他们喊出异样的声音时,我想,如果我是男人的话,就可能会被杀掉。这时,首先打开话匣子的是老太太们。

"哎哟,这么年轻的女孩子到这么远的地方到底是来做什么的呀!"

"确实是这样。日本的男人我们都见过,可是日本女人我们还是第一次见啊!"

老人们直盯盯地看着我。这时一些年轻人也说:"是啊,是啊!战争的时候日本女人一个也没来过。"

跟他们一谈完话,我就意识到我已平安地渡过了难关。我下意识地摸了摸脑袋,感到自己还活着。

为了进行调查,我从维库鲁鲁出来就又踏上了去腹地的旅程。从维库鲁鲁出发后,所经过的严酷的山岳地带别说是乘吉普车,就连骑马也不可能。那时,猎头部落的人们正在准备战争。村落建在易守难攻的山顶上,并且周围用石墙围起来。因此,从一个村落到另一个村落必须翻过一座一座的山,也就是说,要从一个 2000 英尺的山顶上下来,再爬到另一个 2000 英尺的山顶上去,而且正值雨季,上坡的路特别泥泞。在陡峭的地方,我让纳嘎人把结实的竹藤的一端从上面递下来,如果我抓不住,就爬不上去。

纳嘎人在非常陡峭的山地开发了刀耕火种的农田,所以他们的脚趾特别灵巧,不管在什么地方都不会打滑,而且行走的速度像猿猴一样快。我在泥泞陡峭的热带丛林里被雨水淋着行走了几个小时,这让我联想起了当时在这种环境中作战的日本官

一　阿萨姆

兵们。

走在没有人烟的道路上,他们(日本军人)的肚子空空的,疲惫得已晃晃悠悠,望着远处缅甸边境上朦朦胧胧重叠的山峦,此时他们的感觉是怎样的呢?

我虽然只背了两台照相机,但是走这么艰难的路,照相机的背带勒得我的肩膀很疼。倾盆大雨顺着雨衣流下,觉得浑身冰冷。虽然被雨淋湿、身体极度疲劳又饿着肚子,但我还有一个能过一夜的家。坐在烧得通红的炉子旁,等着那大盆装着满满的、热乎乎的米饭和放有辣椒的猪肉酱汤。这时,我感到,不管这次调查多么困难,我都会有决心完成。

领路的纳嘎人从热带丛林中采来了蕨菜和里芋。据说这是日本兵最爱吃的。里芋和蕨菜可能是这个热带丛林中日本人唯一的食粮吧。在这条道上,一位与我擦肩而过的老人,笑眯眯地长时间地端详着我,好像好久没见过日本人的样子。

我调查的主要内容是关于社会结构方面的,所以,须挨家挨户地访问,在火炉旁和家族成员们交谈是非常必要的工作。那时,多次听到人们回忆印帕鲁战役的往事。大家都说,日本军从缅甸刚来到这里的时候,确实是非常优秀非常勇敢,但返回来的时候,已经是狼狈不堪。有一天晚上,我的房东大娘和我彻夜长谈了发生在那个时候的往事。"

"我们以为日本军走了,战争结束了,就从热带丛林中回到这个家,可是突然,有两个日本兵冲到厨房里来。他们把手伸进酒壶里(这是一种本地人用米酿造的酒类似于日本的浊酒)沾了一下,拿出来闻了闻,就直甩手,然后又用双手捧着送到嘴边,就又把酒摔掉,就这样,他们干脆把酒壶拿起来摔在地上打了个粉碎。当时我非常生气,只是用手推了他们一下,他们就晃晃悠悠地倒在地上。他们脸色苍白,骨瘦如柴,都已经不会走路了。"

我不由得抬头四顾那被烟熏的厨房,顿时眼前清楚地浮现出因鲁莽的战争而牺牲的我的同胞们的影子。而现在在我的面前是一口大锅里咕嘟咕嘟地正煮着要款待我的猪肉酱汤。这时老人的丈夫接着说:"那时所有吃的东西都没有了。其实我们都是过着吃上顿没下顿的日子,日本人还让我们把粮食拿出来给他们,如果说没有,他们就动刀,我都差点被他们杀了。最后我们好不容易才又逃到热带丛林里。"

当时我感到非常惭愧,无地自容,深深地低下头对他们说:"非常对不起,我代表全体日本人向你们道歉。"听着我由衷的道歉,两位刚才还显得非常激动的老人现在却爽快地笑着说:"那都是战争时候的事情了,没有办法。"他们真不愧是经过猎头战斗锻炼出来的民族。昨天的敌人今天就可以成为朋友,

一 阿萨姆

对于我的访问,他们非常真心非常热情地用猪肉酱汤来款待我。

丰盛的晚餐摆在我的面前,他们的儿媳妇说:"日本兵就曾用筷子吃饭,想必你也需要用筷子吧!我们家收藏有日本兵的筷子。"说着便到厨房里找筷子。我一看找来的是男人用的筷子盒。我想,拥有这个筷子盒的人可能是死在这里了。你可能想不到,在热带丛林的腹地深处看到这种日本的筷子盒,确实让人感慨万千,而里面的筷子只有一根。我们知道一根筷子是不能吃东西的,他的儿子又特意为我削竹子做了一根。这个地方据说因是曾经激战过的地方,如果日本人去的话会被杀掉的。而这里和蔼的人们对我如此亲切和热情,使我心里暖洋洋的。在邻居的家里,日本的饭盒到现在还被当做宝贝使用。

诸如像"日本""天皇""万岁"等这样的日语,这里的人们都还记得。和日本兵一同分香烟的青年,常把婴儿称为"天皇"。一叫到"天皇",又黑又脏的婴儿回头一看,摇摇晃晃地就会过来。我听到这些,确实很尴尬。

一次,我去访问一户人家,刚和上了年纪的丈夫谈话的时候,从黑暗的房子里面出来一个披头散发的女人,她龇牙咧嘴地狞笑着向我走来。据说,战争一结束,日本军队撤退后,这附近一带流行霍乱。就是那次霍乱夺去了她儿子和女儿的生命。由于失去儿女的刺激,她变疯了。战争的后果令人惨不忍睹。面对这样的事实,我们怎么还能把他们称作野蛮的猎头部落,而我们这些所谓的文明人,面对我们的野蛮行径又怎么能无动于衷呢?

一天早上,我一起床就看到很多穿着兜裆裤的村里人,在我住的房前吵吵嚷嚷。我不知究竟发生了什么事。他们每人手中都拿着当时日本政府发行的卢比钞票。"这是日本军人从我们这里拿走了粮食而付给我们的钱。"他们说,"因为你是日本人,你应该能把这些钱换成印度的卢比。"

我通过翻译解释道:"这是战争时候使用的临时纸币,现在即使在日本国内也不使用了。现在日本政府在这里已没有任何势力了,对此我真的无能为力,这些钱也如同废纸一样了。我觉得非常对不起你们,可我确实也没有什么办法。"这个有知识的翻译把我的话非常完美地翻译给他们,他们也就理解地接受了。他们看到精心保管了十多年的这些小小的纸片现在变成了毫无价值东西,感到非常失望,只能垂头丧气地回去了。看着这些村里人的背影,我深知对他们的负罪感是永远消除不了的。

当他们知道我纯粹是来研究他们的文化时,他们就超越了仇恨,用温暖的双手来欢迎我。一位塔考鲁的有知识的青年对我微笑地说:"像你这样的日本人能来这么偏僻的地方,正说明日本在向好的方面发展。那位把日本军从缅甸领到这个地方来的青年,他做梦也没想到十年后的今天,能够再见到日本人,特别是日本年轻的女性。"他的眼睛在煤油灯光下显得炯炯有神。

我结束了塔考鲁·纳嘎的调查以后,转到阿嘎米·纳嘎调查。在访问考非玛周边地区时,这种远远超越于我想象的悲惨回忆达到了顶点。

考非玛处于丹依玛普鲁·印帕鲁的交通要道,是阿嘎米·纳嘎的中心。位于帕淘卡依山系的中央,在空气新鲜的山顶上,有一个千户人家的大村落。现在的村落是在被战火燃烧过的遗迹的基础上,用镀锌薄铁板新建立起来的。首先进入我眼帘的是在巴扎附近的像是官署建筑物的残骸。在残留铁墙的一断壁上,子弹打过的痕迹像蜂窝一样密集,令人惨不忍睹。如果去热带丛林,即使是现在,战死者白花花的遗骨在草丛中还到处隐隐可见。在考非玛的印帕鲁街道要塞对面,为英国牺牲者建有一个纪念塔。塔上刻写着:When you go home, tell them we died for their tomorrow.(当你回到故里时,请告诉那里的人们,我们为他们的明天献出了生命。)在塔的后面,整整齐齐地排列着几百个

猎头部落的男人

白色的十字架。

听说在印帕鲁战役中，考非玛是交战双方死伤最多的地方。1944年4月，佐藤中将率领的四团千里迢迢从缅甸国境翻过万水千山来到这个地方，所付出的牺牲非笔墨和言辞所能形容。尽管如此，他们在这个地方还是死守了两周时间，直到最后全军覆没。师团长和所剩残兵败将无视军部的命令一起撤退到考非玛。这些弹尽粮绝、疲惫不堪的将士们被当时雨季期的大雨、疟疾、霍乱所折磨，就算回到了缅甸也退不回去，白白丧生于热带丛林中。在这里，到处可见这些将士们的尸体。临终的士兵痛苦地竭尽全力爬到已腐烂的战友的尸体旁，最终也倒了下去。看着这些倒下的战友，没有一点办法。他们用拐杖支撑着受伤的身体，朝着缅甸方向走去。这些都是一位幸运生还的津田正澄先生后来告诉我的。他是经过艰辛万苦，步履维艰爬过重峦叠嶂的山脉回到缅甸的士兵之一。

在我所制定的紧张的调查日程中，我的目标之一就是尽最大努力去寻找那些受了重伤而倒下的士兵们的踪迹。英军的墓地建得那样漂亮完美，而日本将士的墓地又怎样呢？现在考非玛的人没有知道这些的。想了解这些可谓困难重重。有一天，一个村里的年轻人告诉我，以前他听说过有日本将士的墓地。

但是这些话非常含糊不清。有三位热情的年轻人冒雨带着我在考非玛寻找了整整一天。最后,我们判断,这个墓地好像要翻过离考非玛不远处的一个小丘陵,在附近的一个监狱的后面。那一带是草木丛生的热带丛林,完全看不清方向。我们向附近一个简陋小房的人家打听,那家的老太太说给我们领路。在她的带领下,我们终于在草木丛生的密林中找到了日本将士的墓地。

"是这里吗?"我不由地反复问道。老太太不断地说,"是这里,是这里。"带我来的青年们也指着这个地方说:"啊,是的,确实是这里。快来看呀,这里的草好茂盛啊!"确实,在草和灌木间的空地,能看到人体那么大、像馒头一样圆圆的土堆,排列着有几十个。这些土堆被茂密的小草所覆盖,如果不仔细看,还真看不出来。老太太又带我们去看另外几百个密密麻麻排列着的像馒头一样的土坟。

战争结束后不久,英政府把将士们的尸体集中起来,并出资为他们修建了许多漂亮的墓地。与此相比,日本将士的尸体却用小土堆埋在这热带丛林中。这确实是很可悲的事情。老太太对我说,纳嘎人把日本将士和他们的东西从周围的热带丛林中收集起来,最后,在日本将士尸体多的地方,把他们埋葬了。在我所能看到的地方,好像至少有五六百具尸体。

一　阿萨姆

回国后，我从曾参加过考非玛战役、前面已提到过的今井先生的讲述中得知，这个丘陵曾经是我方的阵地。今井先生在他的随军记中写道：

"敌人的大炮对我们所潜伏的山丘每天都要发射一万发炮弹。而我方的山炮对此每天早上只能发射六发炮弹回敬他们。由于敌人的反攻，战线开始变得混乱起来。最近的敌人离我们的战壕只有三四百米。从山脊上一伸出脑袋就会遭到诸如排击炮、机关枪、小手枪的疯狂射击……

"从后方来的补给一直接不上，粮食也面临着严重危机，从附近居民那里征集来的粮食也渐渐吃光了。没有加工过的稻谷配给我们，我们也没有脱稻谷的时间。因此，吃后引起大家很严重的痢疾，稻谷被原原本本从肚子里排泄出来……

"晚上，每当听到从战壕里传来的日本军无奈突击时的最后叫喊声时，感到没有比这更凄惨的了。此时，从正面用枪炮之类的武器来决一死战是不可能的，所以不得不用所谓'传统'的办法，趁夜里杀入敌阵。大概是早上两点左右，他们发出好像从地里传出的恐怖的声音迎着敌方不断的枪炮射击走去，但是这种叫喊声渐渐地变得微弱起来，最后什么都听不到了。就这样五八联队的各中队一个接一个地被全部消灭了。即便如此，参加突击队的志愿者一直不断。这个联队是从很远的中国宜昌前线被挑选出来送往这里的，他们所具有的韧性和坚强是众所周知的，他们由新潟的壮丁组成，而且都是服役了六七年的士兵，是身经百战的部队主力。"

这时，带我们来的一位青年擦去挂在额头上的雨水，炯炯有神的目光凝视着远方。

在他们的社会中，是用战争中的勇敢和猎取的人头数量来衡量男人的价值。卑怯的行为是绝对不允许的。在猎头战中，偷跑回部落者，随后会由自己部落的人来砍他的头。尽管他们的很多同胞被日本军杀掉了，但现在他们已超越这种憎恨，我虽然对这种战争痛恨至极，但是，此时此刻，我内心深处受到的触动难以言表，我的整个心都在震颤。

二　喜马拉雅

边境城镇——噶伦堡

从加尔各答往北乘飞机约两个小时，就到达孟加拉大平原的尽头、喜马拉雅山脚下的巴库岛古拉飞机场。从这里穿过有汽车站的西里古里镇，沿着台依斯塔河乘汽车行驶约四个小时左右的山路，爬上喜马拉雅的腹地，就到达了边境城镇——噶伦堡。

噶伦堡的正北是锡金，东北与不丹的山脉相望，它是连接印度平原和西藏高原的要塞，是海拔4000英尺的鸠恩丹依拉山岭中发达的城镇。这一地区古代属于朗普卡族的土地，从17、18世纪开始，藏族系的布坛依阿族迁移到这里，以后在政治上属于锡金，在被印度占领前，属于不丹统管。现在，除当地民族之外还生活着很多印度人、西藏人、尼泊尔人等，镇上的人口约15000人。一到冬天，从西藏来的商队和沿着佛教遗迹朝圣的人们都会来到这里。即使现在，西藏人没有护照也能来噶伦堡。噶伦堡是喜马拉雅山中印度和西藏进行贸易的最大城镇。

　　噶伦堡周三和周六的巴扎（露天市场）是最吸引人的。边境城镇的特点这时淋漓尽致地展现出来。尼泊尔人、不丹人、布坛依阿人、朗普卡人、中国人、印度人等交织在一起，构成了一幅充满生机的图画。尼泊尔人和朗普卡人在卖农产品、牛奶、黄油；西藏人在卖奶酪制品；不丹人在卖篮筐、手工纺织品；布坛依阿人在卖肉；摆开货摊卖鱼、条纹布、布料、衣服之类的是具有经商才能的印度玛郎瓦里商人；而卖项链、手镯、耳饰、饰针的为穆斯林教徒；在这个宽约50米长约300米的露天市场中，还有以下一些人：背着箩筐的尼泊尔妇女，戴着纱丽（印度、孟加拉等国妇女用的包头裹身或披肩裹身的棉布或丝绸）的孟加拉人的妻子们；脸完全包起来的玛郎瓦里的妇女；装饰讲究穿着西藏服装的上流妇人；穿着中国服装的库那恩人；背部很宽的印度的官吏；穿着红色僧衣的喇嘛僧人；欧洲的旅行者和在这一地方从事传教、在学校和医院工作的人们。此外，玛郎瓦里商人穿着好像较薄的棉衣，还用手把披肩拢在一起。我们只穿着毛衣，而从西藏来的商队中的那些男人好像穿着非常结实的长筒靴子和大衣，他们感觉到噶伦堡的冬天比较暖和，就把西藏服的上半身全都脱了下来，把衣服吊在腰上，一看就知道是来自北方寒冷的国度。这些各种各样的人们上午沐浴着冬天温暖的阳光，如同波浪一样来来去去。

藏语、尼泊尔语、黑恩代依语、孟加拉语等到处都在使用，在巴扎的入口处，喇嘛坐在路口念着经，好像在化缘。旁边有一座印度教的小庙，对面聚集着黑压压的一群人在听一位新教徒的英国牧师用尼泊尔语扯开嗓门大声地传教，并用藏语写上圣经的语句送给赶巴扎的西藏人。而在这些叽叽喳喳的吵闹中，身穿黄色衣服的小乘佛教的僧侣静静地托着钵从中走过。随后，天主教的神父和穿着黑色僧衣的尼姑也从中穿过。前来朝圣的贫困的西藏人常常从印度教徒的尼泊尔农民那里得到大米和蔬菜。这一切形成一种不可思议的和谐境界，创造出边境城镇充满活力的气氛。

耐鲁曾经是这个噶伦堡的间谍老巢，在这个边境城镇，不同主义、不同宗教、不同历史、不同习惯的人们生活在一起，即使从世界形势来看也是令人瞩目的。所以，国际间谍自都竭尽全力打入这里，因为这里有出人预料的自由，非常容易友好相处。有一位欧洲人曾经写下一段令人难以忘怀的话语："在世界渐渐变得难以居住的今天，在这里却能过上真正的人类的生活。"在城镇中心的高塔上面，在晴朗的喜马拉雅的天空中矗立着非常耀眼的甘地的巨幅画像，郑重地向人们展示这一地区是属于印度的。

　　在巴扎的周围，有很多中国人开的食品店和小饭馆，这里是喜欢中国料理的西藏人、不丹人和布坛依阿人经常光顾的地方。另外，孟加拉的茶馆里客人以尼泊尔人、印度人居多。此外，玛郎瓦里人、尼泊尔人还开了一些衣服店和杂货店。巴扎往西约一公里处的不丹式建筑（不丹政府的派出机构，也是不丹王室的别墅）一带是西藏人的地方，这里有做西藏服装的裁缝店、鞋店，从秋天一直到春天，往来的商队很多，系在驴脖子上的铃铛发出的叮铃、叮铃的声音不绝于耳。

　　从细长的噶伦堡镇走三公里到最东头，就是热爱噶伦堡的孟加拉大诗人塔告鲁的别墅"齐桃拉巴乃"，这也是我常常下榻的地方。春天一到，到处洋溢着茉莉花的甜香；在初夏时节，大朵的喜马拉雅木兰花盛开在"齐桃拉巴乃"，从这里远远望去，能看到锡金的山那边克钦佳卡的雄姿，隔着近处戴依斯塔的溪谷，眺望西北处的达几林的山峦，真是一片令人陶醉的美景。在18世纪时，英国政府以每年1000卢比的价格从锡金王国手中借用达几林，之后，它被印度占领，由英国人建造的这一很现代的小镇，现在是印度的第一避暑胜地和旅游胜地。在"齐桃拉巴乃"，诗人长子的夫人塔告鲁夫人在加尔各答和夏泰尼科塔（塔考鲁大学）最热的四五月间会来这里避暑一个月。我几乎是一个人在这里度过了我的研究生活。别墅中的看门人是一个非常诚实的印度人,常去给我买些简单的东西,并把信件和报纸给我带回来,一位尼泊尔少女帮我做饭并处理我身边的事务,我在这里整理调查笔记的同时,专心于西藏史的研究。这里有藏学的世界权威——俄罗斯的贵族罗赫列(G. N. Roerich)博士和从拉萨来的一个喇嘛以及曾是拉萨官员的一位藏族人,他们三人是我的老师。

西藏的历史研究,即使在世界上也是还没有开拓的学问,在西藏的研究中没有历史典籍,所以必须从那些用非常难的藏语所写的喇嘛僧侣的传记中,探讨各种各样的历史问题。在喇嘛僧侣的传记中,除详细记载僧侣的经历、师徒关系外,还有对西藏佛教在理论上的思考,并对佛教的修业、冥想的最高境界的几个阶段,进行了细致入微的记载。这一西藏佛教的理论,不用说是受到印度哲学的影响,但在西藏有其独特的形式,并具有相当的深度,这与探究印度哲学和欧洲哲学一样,需要高度的智慧,困难就在于深不可测。在传记中,随处可见的不仅有僧侣的思考的轨迹,也有关于旅行的非常有意思的记载。

例如,有一位高僧旅途中到达一个城镇上,遇到了一位没有头的人。听旅店里的女店主说,这个人因为犯了罪,被砍了头,但他没有死,常常用手捶着胸脯,而且,人们还从这人脖子的缺

国际藏学研究的权威罗赫列(George N. Roerich)(1902—1960)

口处,给他倒进牛奶和菜汤,一个月过去了,这人还活着。还有一个例子,一个修行僧侣,在旅途中因麻风病卧床不起,他靠着精神的力量战胜了病魔,这种非常感人的不懈努力的精神一直被流传下来。西藏人的记录和印度人不同,常常让人联想起像法国那些早期作品一样纯朴的写实主义。尽管我每天都在读像这样的有关西藏的记录,但几乎没有一点乏味的感觉。而随着早晚光线不断变化的克钦佳卡的美丽景色更是令人感到魅力无穷。特别是在黄昏的"齐桃拉巴乃",要我接着读书几乎是不可能的。在皎洁的月光下,黑沉沉的喜马拉雅山那边的银色的克钦佳卡折射出来的魅力,会让人忘掉人世间的一切,就如同天上的神的星座一样,在清色的夜幕下呈现出动人的丰姿,我的魂都好像被它勾走了。

喜马拉雅的公主

甘托克是喜马拉雅山中的王国锡金的首都。人口不足一万,在这可爱的首都的山顶上有红色屋檐的王宫。从王宫客厅的一隅向窗外望去,晴朗的天空下,克钦佳卡的雄姿呈现在眼前,从王宫附近的喇嘛寺院中不时传来诵经的声音。客厅四周的墙壁挂满了西藏的佛教画。我和锡金国王的第一公主库库娜小姐(她的正式名字为玛哈拉吉·库玛丽·蓬康·拉秋姆,我们用她的昵称库库娜称呼她)一起专心地筹划着我的调查计划。爱穿时髦的西藏服的库库娜小姐,是我在喜马拉雅的亲密朋友,有事我和她常常在一起商量,谈话非常投机。她的年龄基本和我相同,她和拉萨的西藏贵族平康氏结了婚,除两年一次越过喜马拉雅访问丈夫的领地外,其他时间几乎都是在甘托克的王宫和噶伦堡的别墅度过。

"中根小姐,如果研究蓓提亚人,刨岱、蓬萨一带是最合适的了!"

锡金原来是雷布查族的土地,17世纪,从西藏来的很多藏系民族迁移到这里,与此相随喇嘛教也在这一带开始传播。在文化上高度发达的藏系移民——蓓提亚族统一了这个国家,蓓提亚族的国王作为政治和宗教两方面的统治者,确立了王权统治,现在是第14代。在历代任大臣的贵族中,也有与雷布查族的贵族联姻而产生的混血者。王室传统上是和西藏贵族联姻的。在锡金,把从西藏或不丹方面迁来的民族称为"蓓提亚",而与其原有的民族雷布查相对应。在喜马拉雅的各王国中,锡金与尼泊尔有很大不同,锡金是一个纯粹的西藏系的喇嘛王国,而尼泊尔是由印度教徒所统治的,其印度教色彩浓厚。但是18世纪以来,从西邻的尼泊尔迁移来的农民也多了起来,现在的锡金可以说是由雷布查、蓓提亚和奈帕里三个不同的民族所组成的复合

二 喜马拉雅

甘托克王宫的大门

社会。

  我对喇嘛教的调查具有特别浓厚的兴趣,在这三个民族中,因为我想调查蓓提亚族多的村落,我从库库娜小姐那里了解到在王国中蓓提亚族最多的地方。库库娜建议到:"如果可以的话，与西藏北部最近的是拉洽恩，拉洽恩这一部落非常有意思。"

这个名字不知为什么总让我的心情不能平静下来。拉洽恩正好在去往西藏途中靠北的路上，是锡金最远的部落。但这个地方也是印度的势力和中国共产党的势力接壤的地方，即使在国际上也具有非常重要的意义。因为从这里可以进入印度国防部的管辖区，自从1951年昌都战役以后，西藏对于外国人来说是不能随便进入的地区。想到这里，我对库库娜说到："非常遗憾，印度政府不会许可的（事实上，我后来和印度政府交涉过，但是没有希望）。"

"是那样啊！"聪明伶俐漂亮的库库娜小姐侧着脸陷入了沉思。这些令西藏研究家、旅行家向往的地方，甚至包括拉萨，对于作为锡金公主的库库娜小姐而言，却可以如同从东京到大阪一样心安理得地来去自由。库库娜小姐和不丹的公主、西藏贵族的小姐非常友好地对我说："我们还是一起去拉萨吧！你和我们有相同的肤色和面孔，如果穿上西藏服的话，别人绝对分不出来。拉萨是非常美丽的。"谈到翻越喜马拉雅旅行的乐趣，确实令人着迷。望着银装素裹、脉脉相连的喜马拉雅山系中的克钦佳卡、新抛、攀丹、西鸟鲁酋，我不禁心中幻想着和这些穿着宫廷服的喜马拉雅公主们一起去西藏的情景。从甘桃库山远远望去，穿过浓郁的山峦的缝隙，你能看到一直通向西藏的科拉巴恩的道路,在山系的另一边,穿过一个V字形的山口,沿着这个方向下去就是西藏!我从少女时代就开始憧憬拥有布达拉宫的拉萨。打破我罗曼蒂克梦想的是我从加尔各答出发时,日本总领事馆的叮咛:"绝对不能越过国境!"

在喜马拉雅山中,当我和这些美丽、纯真的讲西藏语的公主们在一起生活的时候,一想到这些政治的因素,与我们所处的环境形成了鲜明的对比,确实有些残酷。这时库库娜公主好像看出了我的心思,对我说到:"什么也不值得那样悲观。拉洽恩正好在去往西藏的交通路口上,作为调查地也未必合适。因此,离开去往西藏的交通要道,在腹地的番达恩、蓬萨部落能看到典型的锡金社会。"

听完她的话,我马上有一种安心的满足感。依聪明的库库娜所言,作为社会人类学的调查地,不用说是封闭的社会,只要是受外面的影响很少、能看到原生的人际关系的社会就一定会提供给我们非常好的材料。

没有比库库娜公主更理解我的心情、了解我的研究的人了。她完全具有一种天生的来自本能的敏锐的观察力。她还经常阅读在锡金及周边一带做研究的外国学者的论文和书籍,令我感到惊讶的是,在她和我的谈话中,她常常对这些研究有非常惊人的批判。

在锡金调查时作者与当地儿童合影。

"××的论文在我看来有些可笑。在欧洲的学术界被承认了吗？他确实不是真正的学者！"

这时我暗暗思忖着，以库库娜为代表的这些不丹的公主和西藏的贵族妇女们，尽管没有受过欧洲大学的教育，但却能有如此敏锐的批判力、理解力和观察力，真是不可思议。最近，在西藏有关的旅行记中，有些作者并没有藏学的修养，很多人自己为了猎奇，把住在西藏和喜马拉雅的人们都完全当做非常不开化的人们来描述。读这些书或文章的时候，有很多令人感到愤慨的地方,因此对于欧美人的这种随意性和愚蠢的行为理应进行尖锐而冷静的批判。

我从她们聪明的眼神中看出,西藏文化这种很强的传统是会接连不断地传承下去的。她们非常清楚地认识到,喇嘛教文化的发展过程有着很深的逻辑内涵,并具有很强的影响力。她们通过阅读西藏的古典著作,从中认识了佛教哲学发展的高度,并重新认识到西藏与欧洲日尔曼系各国有完全一样的悠久历史。

西藏在7世纪的时候,以"吐蕃"的名字出现在中国的史书上。那时西藏以拉萨为中心统一起来,并建立了强有力的军事力量的王权。曾经一度进攻到唐朝的都城长安,迫使大唐帝国实行"和亲"政策,西藏国王娶了唐朝皇帝的公主作为王妃,其当时的势力之强,可见一斑。当时从印度和中国传入了佛教,同时他们也派学者到印度学习,根据梵文的纳嘎里文创造了独特的西藏文字和文法,从这时开始印度佛教经典的翻译盛极一时。

但是,9世纪中叶,佛教被西藏固有的本教势力所压制,其导火线为朗达玛王被信仰佛教的一僧侣所杀,结果导致西藏王国的瓦解。

接着,进入12世纪后,曾经一度被压制的佛教的种子又开始萌芽,在西藏的东部和西部,佛教澎湃兴盛起来。特别是西部的小王国——古格国的国王,从印度和克什米尔招募了很多佛教僧侣,进行佛教经典的翻译。当时不管怎样,西藏的人们都在拼命地致力于佛教的兴盛,从下面的一段记载中我们会更清楚地明了当时的情况。

古格王国和相邻的信仰伊斯兰教的国家进行战争时,古格王国的国王柯日被噶洛国所俘虏。噶洛国对古格国提出条件,以柯日国王作为人质,用和其身体一样体积的金子来换。古格国尽了所有的力量收集金子,但怎么也不够头的部分。在监狱中听说这一情况的古格国王留下话说,用那些为了让我活下去换我的身体所收集来的金子,从印度招募高僧,说完就在狱中凄惨地死去。

根据这一遗言,古格王国从印度招募了像阿底峡这样远近闻名的高僧,以这些高僧的活动为契机,佛教再一次在西藏传播开来。在13世纪,西藏人中高僧辈出,他们各自培养了很多弟子,并在各地大建寺院。与此同时,佛教哲学也由于西藏僧侣的努力得到迅速的发展,由于他们在理论上的着眼点不同,形成了很多宗派分支。在15世纪出现了宗喀巴这样能和鲁泰鲁相比的改革者,西藏佛教出现了一个全新的局面。17世纪以这些宗派的势力为基础,达赖喇嘛作为如来(法王)把西藏置于教权的控制之下,确立了达赖喇嘛教权。

二　喜马拉雅

西藏佛典

如上所说，在西藏，佛教已有坚实的基础，在向社会扩展渗透到民众之间的同时，在哲学上也得到了高度的发展，并且形成了在世界上非常特异的西藏佛教俗称喇嘛教。从这个意义上来看日本的话，就会发现，在中国文化的诸要素向日本传播时，首先传播进去并发展起来的就是佛教，然后佛教被儒教战胜，之后更进一步才是西欧文化非常强势的输入。当然在某种意义上，日本也可以说是个佛教的国家。与传播到中国和日本的大乘佛教不同的小乘佛教作为印度文化复合体中的一个因素，首先传播到以锡兰和缅甸为主的东南亚各国（印度尼西亚等地后来又传入了伊斯兰教）。印度尽管是佛教的发祥地，但是12世纪末叶以来，佛教在印度却融进了印度教之中。这也和佛教于公元前后传入，在唐代兴盛起来，又在12世纪衰落下去的中国中原地区不同，直到现在为止，西藏是佛教形成其文化主流的唯一地区。佛教不仅在西藏的内部传播，从13世纪开始，特别是16世纪以来还传播到蒙古地区，以及喜马拉雅山中的小国如不丹、锡金、尼泊尔的北部，并在内陆亚洲的中部形成西藏佛教圈。现在几乎完全消失的印度佛教的原典，在西藏佛教中留下了很多接近原文的翻译，所以西藏佛教在佛学中占有非常重要的位置。

如果我们和具有这样历史的和宗教背景的西藏人打过交道的话，我们自然会发现日本人等并不具有很强的宗教气节。这不仅从喇嘛僧侣中，而且从来印度朝圣的西藏人中也能体会出来。这些西藏人与欧洲各国的基督教徒、阿拉伯各国的穆斯林、印度的印度教徒一样，具有一种共同的为宗教所锤炼出来的坚强的精神脊柱。

与西藏人频繁的接触，令我感慨良多。日本人具有高度的文化，在他们的精神中尽管有许多优秀的东西，但并没有这种非常强有力的精神脊柱。而且，常常令人不很踏实的是，在日本，所有的宗教和哲学都没有坚实的根基，所以就连日本独特的道

二 喜马拉雅

德也不是在具有一定规则的宗教和哲学的基础上发展出来的。

特别令我感到惊讶的是,完全在西藏文化培育下成长起来的喜马拉雅的公主们所表现出来的那种自由、豁达的行为和思维方式。佛教的伦理、道德中所包含的让女性自由自在发展的内容,实在令人感慨,她们在严酷的高原生活及不断地翻越喜马拉雅山的活动中得到了很好的锻炼,骑马是最简单、平常的活动,她们还经常从事一些令人惊讶的活动。她们的裙子是长而优雅的西藏服,便于翻身上马。在穿着中国服、和服、纱丽、超短裙以及西服的女性的生活中,她们的服装根本没有考虑提供这种自由活动的方便。

特别是上流社会的妇女具有仪表非凡的尊严,她们那种东方的热情、蒙古系民族特有的面带微笑的性格,与具有相同身份的雅利安系中显得很冷淡的印度妇女相比,确实令人感受到一种富有弹性的魅力。

在我调查的不管哪个社会,几乎都不例外——和我在一起具体商量工作的人经常都是男性,然而在喜马拉雅(西藏文化圈),女性堂堂正正地成为我的共事伙伴。西藏贵族的妇女们,因为丈夫几乎都在中央任官职,于是定期巡视领地、与管理人员交涉,都成为妇女的工作。我非常清楚,作为我的朋友的这些公主们，各自都担负着重要的工作。喜马拉雅的公主们并不像其他国家的公主那样住在深宅的王宫中，她们还有第一线的工作，还要承担一定的责任。由于不断在各种环境中得到熏陶，加之天生就很聪明，她们的性格也就受到了磨炼。我见到这些喜马拉雅的公主后，每次谈话，都会从内心深处对这些非常优秀的女性产生一种羡慕之感。即使随后在欧洲的旅行中，我理想中的女性形象仍然是她们，这一点儿都不夸张。而且，她们的内在世界，还增加了一些神秘的喇嘛教世界的色彩。不用说，她们在印度的教会学校学到了有关世界和现代的各种知识，并在那里掌握了英语和受到西欧的教养训练。但是，这些仅仅只是和外界接触的手段，令我惊讶的是她们的经典知识确是把喇嘛僧侣所读的佛经融入她们的血肉之躯之中。在西藏文化圈之外，在人类文化的形成发展中，好像没有比佛教文化以一种纯洁的形式所作的贡献更大的了。佛教传播的其他地域几乎都是以农耕为主的地域，不用说佛教已重叠在中国文化及印度文化的复合体中，但在畜牧占主要地位的西藏，它并不是作为中国或印度文化的复合体，我们应思考的是，在西藏这一特定的历史文化背景下，佛教作为一种教理的传播，以一种西藏式的风格而得到独特的发展，因此，在这方面，一定要考虑西藏人的特殊性，而喜马拉雅公主们的独特魅力正是这一特点的反映。

喇嘛僧侣的社会

在库库娜公主的竭力帮助下,为了给我的调查提供各种便利,皇太子代表国王找到了刨达恩寺、蓬萨寺掌管的地址,用藏文写了请求帮助的便条,并得到了国王的秘书官、佛教大臣等的协助。我在二月一个天气晴朗的早上,带着蓓提亚人的翻译、一位藏族脚夫一行三人,开始了去往刨达恩寺的行程。刨达恩寺位于嘎恩桃库的东北约 15 英里处(其中有 7 英里的路程可以行驶吉普车),翻过一座山,再渡过河谷,它就在面向台依斯塔支流的岱库酉河边的山顶上。在喇嘛教国的锡金,有村落的地方就有喇嘛寺院。在山的顶端正好能看到寺院,寺院下面有一个村落,这个村落被一层层一段段的水田围着,这些水田往上看去,渐渐地变成为一个圆锥形。寺院基本上在 6000 英尺的高度,在山谷地带也有 3000 英尺左右,从一个部落到另一个部落必须要登上或下到 3000 英尺险峻的山道。在气候不断变化的山里,途中经常会遇到雷雨和冰雹的袭击,部落和部落之间没有可寄宿的人家,完全是一种痛苦艰辛的旅行。

我去到刨达恩寺已是二月末,在藏历中正好是给观音念经的季节,五十来个僧侣日夜念经。到晚上三点左右,喇嘛长号就从寺院的走廊吹起,一直持续到喇嘛僧侣们起来出去,并在大堂里集合。这种喇嘛长号有四至五米长,它的一边搭在地面,喇嘛们吹着很长的一对长号。这咚—咚—的低沉而具有很强余韵的喇叭声顺着喜马拉雅冰冷清澈的空气,翻过山岭越过山谷,告诉部落的人们开始勤行①了。在这个遥远地方的深夜,念经的声音不绝于耳,这种令人陶醉的声音,诱使着我从熟睡中如同梦游般地进入这深邃的佛教世界,我不由地感慨道,这才是真正的喜马拉雅。这次旅行的艰辛和痛苦真是不堪言状,两只脚都磨出了血,登山崖时摔得遍体鳞伤,所待的茅草屋到处漏风,寒气逼人,致使我的情绪一段时间非常低落,然而,当我听到念经的声音时,我的这些体痛和烦恼,一股脑儿都消失了。这种声音在日本的寺院中也常常能够听到,然而这些钟声在那里留给人的是一种烦恼;但是,在喜马拉雅听到这种念经声音却具有一种特别的意义,它具有一种能够把人带入佛教世界的无穷魅力。它是神秘的喇嘛教世界的特别象征。

　　从这时开始的勤行,早晨过后,除去早饭喝粥、午饭、晚饭及下午喝茶的时间外,一直持续到晚上十点。当我听到念经的声音时,有一种错觉,就好像在日本的禅寺中一样。尽管他们是用藏语在念,但是那种念经的调子却很相似。代替蜡烛的酥油灯

---

　　① 处理佛教事物,如读经、祈祷等。——译者

光晃来晃去,僧侣们身穿红色的衣服,在经书的一旁,还放着酒壶,这与平时用吸管来喝的那种感觉完全不一样。

我住在寺院的一隅,早上和晚上都能听到勤行,白天在部落忙于调查。我的工作主要是调查这里的家族和社会组织,考察蓓提亚(Bhutia)和雷布查(Lepcha)交往的方式。这里的人们依靠水田耕作,土地不属于部落共有,全部属于个人所有,比起阿萨姆的原始农耕社会,经济生活方面及文明程度都要高得多。这个王国正如前述的那样,从17世纪开始,社会分化已非常明显,包括贵族的统治阶层、僧侣阶层、一般农民阶层。此外由于有连接印度和西藏的公路,如果和阿萨姆的未开化社会相比的话,这是一个文明之国。

我离开阿萨姆未开化民族的地区,进入喜马拉雅后,并没有深切感到具有高度发达的宗教政治组织的社会,和未开化民族的社会有多么大的差异。即使从生活水准来看的话,两者好像是没有什么大的不同,但事实上却存在着非常大的差异。要把这种不同表述清楚是非常困难的,但在这里可以以西藏人的表达来说明。

西藏曾经把不信仰佛教的人们(他们称为野蛮人)后来了解宗教并开始信仰宗教的这一过程,以野生动物被家庭驯化的语言来说明。确实，以我的观察来看，一言以蔽之，如果把阿萨姆的未开化民族比作野生的动物，那么喜马拉雅的民族和印度教徒及基督教徒就相当于家畜。从阿萨姆的热带丛林的印度教徒的地带，到后来进入佛教徒地带时的那种感觉，用说不出来的慰藉感来形容的话，再贴切不过了。这里超出我的预料，那种没有意义的像滥杀无辜一样的事情是绝对不会发生的。而且，由于道路和外面的世界连在一起，这又给人一种放松的安全感。在封闭的未开化社会待着的时候，自己过去接受的社会习惯和价值判断完全变为零，所有的事情必须顺着他们走。但不能认为这是一种不幸，事实上如果违反了他们的心理定势、习惯的规定，我肯定瞬间就会成为他们狂暴野性的本能的饵食。所以，我的神经一点都不能休息，还必须充分地发挥我的想象力，这种紧张感常常成为我内心深处的急流，流淌不断。

但是，喜马拉雅就完全不同。由于佛教能够矫正人的本能，并能够理解其他的社会——具有和自己不同的价值和习惯的人们，这就给交流带来了基础。这样，精神上能得以陶冶，知识相对也能增加。喜马拉雅的人们所看到的那些神秘的未开化的人们，认为他们并不具有像西藏佛教和西藏社会那样的教养。这让我联想到，对于日本文化、东方文化一点都不了解的西欧人而言，他们也同样把日本人看得很可怖（对日本人的印象很糟糕）。

高度发展的宗教在这一社会固定下来,深入人们的生活,其本身会成为从未开化社会向文明社会迈进的重要标志。我们是19世纪以后受到西欧文明发展的强烈影响,在人们的意识深处,常常以欧洲作为近代文明的象征,欧美是文明国家,亚洲好像都不是,不过从更深的层次而言,在这里不要忘记清楚地区分人类社会的未开化和文明。特别是在长期的人类历史上,联想到人类的精神成长过程时,这一问题具有非常重要的意义。

涉及亚洲、非洲的问题时,这一看法有助于理解各种复杂的现象。比如在亚洲,有一个问题是很清楚的,即从很早的时期开始,中国中原和印度的高度文明传播到蒙古、西藏、喜马拉雅、东南亚、印度尼西亚等地,和从菲律宾及其他的太平洋岛屿、非洲等传播来的文化和社会在性质上存在着很大的区别。后者在伴随着所有的欧洲各国的向外扩展、征服的殖民政策的同时,还使基督教文化直接渗透到这些原始的社会中,在和高文化的接触时期与前者相比其速度惊人地快,他们的接触的方式也非常不同。在考虑亚洲的情况时,不仅是日本人,而且欧美人好像也没太注意到这种很大的不同。

高文化的传播及其被接受,以社会作为一个单位来进行是富有实效的。即使是宗教,传教士在进入未开化民族地带后,尽管这一社会只有两至三个人成为基督教徒,但社会全体作为基督教文化的复合体只要接受这些,它就存在于个人的内心深处,并被原原本本地留在未开化的地域。等到这个社会过半数以上的人接受它,再经过几代或几百年的传播,才开始固定下来。

喇嘛僧侣

二 喜马拉雅

我在印度的边境一带所接触的人中,有现在的基督教徒、有受过大学教育、穿着西装的未开化民族的出生者,也有半裸着身体的群体,还有印度教徒和文盲的老百姓。但确实令你惊讶的是,前者尽管在知识和生活水准方面远远超过后者,但他们的眼神中仍旧能流露出未开化人的神态,通过和他们较长时间的接触,不管是在正面的意义上还是负面的意义上,都能感觉到他们精神生活的浅薄,而后者虽说没有那么高的文化气息,但能感到他们在精神上却很沉稳平静。像这样人类精神上的成长,不管怎么说都是在社会的、历史的基础上培养出来的,这是不言自明的。

另外,由佛教和印度教所孕育出来的文化,发展到一定的高度,便具有很强的影响力,通过下面的例子我们会很清楚地明了这些。在印度边境基督教的传教士非常活跃,在阿萨姆的一个未开化民族的社会,仅仅10年间,就出现了百余名改信基督教的信徒,但在只有喇嘛教徒和印度教徒的喜马拉雅,尽管有一位热心的传教士布教,但用了30年的时间却只发展了两名基督教教徒。

通过以上的考察,我试图探讨的是,我所谈到的喜马拉雅山中腹地的人们,在文化上占有什么样的位置呢?锡金所呈现出的那种高文化的传播、被接受的过程,给我提供了非常有兴趣的资料。

在锡金,喇嘛寺院是社会文化生活的中心。婚礼和葬礼如果没有喇嘛僧侣是不能进行的,所有部落的大事小事由寺院的僧侣来通报,寺院据此采取随机应变的措施,寺院的意旨会贯彻到部落的各个角落。每个寺院都有各自的管辖区,这一管区内的住户作为"金达阿"(施主),常常要给寺院一定的经济上的援助。因此部落的经济和寺院的经济有很大的关系。僧侣通常也是从金达阿中产生出来的。寺院是文化的中心,僧侣是最高的知识分子。这和印度的僧侣阶级、婆罗门根据种姓制度来确定身份制不同,不管是谁,只要头脑灵活、乐于修行,都能成为喇嘛僧侣。因此,男子到了五六岁,如果身体健康、头脑灵活,人们一定会考虑让他成为僧侣。这样,每家平均就有一两人出家做僧侣。锡金的僧侣,特别以成为高僧为奋斗目标。这样终生修行者和兼业农民就能分得很清楚。前者读经等要接受锡金特有的修行法,并在一定的时期内闭门冥想。

在离部落或寺院一两公里的一个僻静的地方,人们还特意建了一些称为"修行"的供冥想的小屋,可以三个月、六个月、一年或无限期地在里面持续地冥想。

"修行"一般由3.3平方米的两间屋组成,里面的小屋是僧侣冥想的地方,另外一间屋是存放粮食和柴禾的地方。家里人

喇嘛寺院

或者小僧侣端着盛饭的容器从与里屋相通的小窗户中把饭递给修行的僧侣。一般情况,闭门不出的时间以从雨季的六月开始到九月为最多。这一期间,因为连日阴雨绵绵,部落间的往来几乎没有,此外,除去葬礼之外,僧侣也无事可做。像这样持续一年以上修行冥想的僧侣是很少的,在一个寺庙中最多一两人左右。当然,到临终之前闭门不出的僧侣也有,人们每天都给这些僧侣送饭。但是,这些饭几天以后还是原封未动,往往这时才发现这个僧侣已经死了。在部落里经常听说有僧侣死在"修行"里的事情。因此，在"修行"或者寺庙的周围听说常有妖怪出现。锡金的僧侣们为了修行，要么多次出入"修行"，要么在"修行"闭门不出，要么去西藏留学。几乎所有的锡金寺院即使在西藏佛教中也属于被称作宁玛派的宗派。这一派的僧侣普遍有妻室。除了读经和冥想外，他们平时在部落的家中和妻子及孩子一起生活。

在这些部落中调查，和僧侣们一接触，就会注意到经过多年修行的僧侣所具有的教养，这从他们的外表中也能看出来。我深深地体会到，佛教的修养高深莫测。长时间不断地读经能够提高人的精神境界。修行在人类精神养成中具有非常重要的作用。

这些僧侣们不仅对西藏文化渐渐扎根于锡金起了非常重要的作用，而且在提高锡金人的文化水平上也扮演了重要的角色。蓓提亚人在迁移之前就受到西藏佛教的洗礼，而雷布查人则是在蓓提亚人迁入后开始佛教化。这非常明确地反映出在他们之间受高文化影响的历史长短不同。

雷布查人在民族特点上与藏族系的蓓提亚人不同。他们属于从印度大陆迁来的在喜马拉雅西藏一带最古老的民族群体，从语言来看他们属于澳大利亚-亚洲语系。传说雷布查人是从克钦佳卡起源的，分布在克钦佳卡的南部，雷布查人区域由于蓓提亚人的迁入，使得锡金成为西藏文化圈的一部分。从我的调查来看，他们的文化正好与阿萨姆的未开化民族的文化处于同样的发展阶段。由于经过与蓓提亚族三百年的接触和喇嘛教化，雷布查人全部成为了喇嘛教徒，而且他们能讲流利的蓓提亚语。另外他们的服装及日常生活等也完全变得与蓓提亚族一样了。但是在社会组织方面他们仍保留着固有的东西。正因为如此，两者间的通婚比较少，和他们一接触，很快就会明白，他们在性格等方面有着非常明显的差别。蓓提亚族性格开朗，善于社交，与此相反，雷布查族的民族性是内向的，他们总是用一种不信任的眼光看人。不过，值得注意的是，雷布查人中成为修行僧侣者、贵族以及在甘托克做官的人，他们的面部表情及性格与蓓提亚人很相似。

作为社会的、文化的特性，雷布查人对于外部落人开放性很小。正如在阿萨姆未开化民族的卡西族中所看到的那样，在这里如果听说有用毒药杀死游人的事情那肯定是雷布查人所干的，而在蓓提亚部落里完全没有这种令人不愉快的事情发生。这些都是我在调查中所经历的非常深刻的体验。由此可见，经过几百年接受高文化洗礼的民族与受高文化影响时间较短的民族之间存在着很大的差异。何谓高文化由此亦可见一斑。

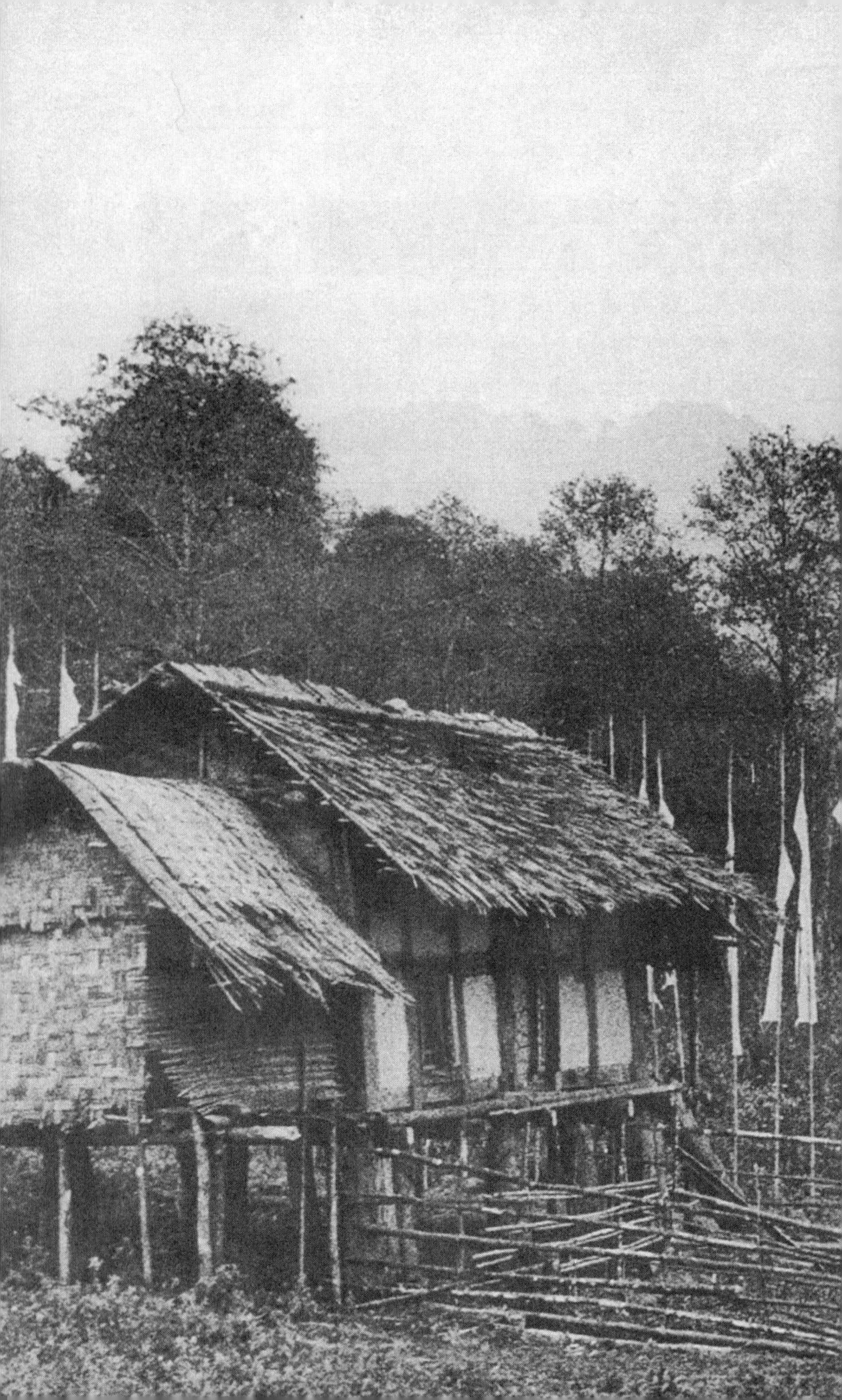

喇嘛僧侣闭门修行的地方

喇嘛寺院的入口

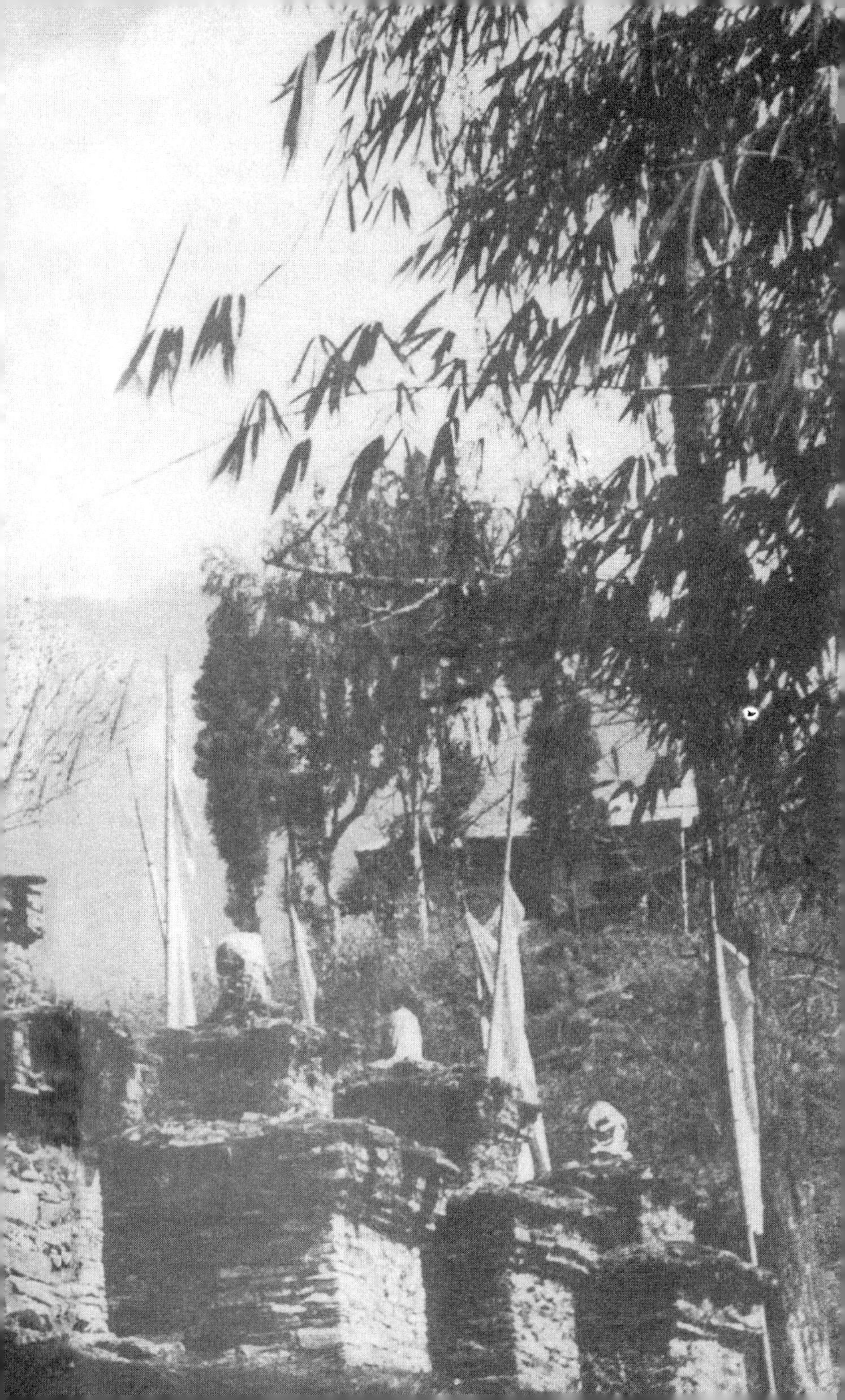

在这个地方，不管是蓓提亚人还是雷布查人都有一个令人感兴趣的习俗，这就是所谓的"一妻多夫制"，即一个妻子有若干个丈夫。这里女性的权力很大，这不是性欲问题，而是由社会的合理性所建立起来的婚姻制度，即兄弟们从避免分割父亲的财产这一经济利益的角度出发，财产继承不实行均分制。父亲死后，他拥有的土地如果由几个兄弟分割的话，即使相当多的土地也会越变越少。基于此，人们希望尽可能原原本本地共同拥有父亲的土地。例如，在有三个兄弟的情况下，如果每个人都娶一个妻子，最终将会形成兄弟分居的局面。特别是关系不好的情况下，兄弟们各自的孩子长大以后，如果再各娶妻子的话，那么财产分割的势头就愈演愈烈；如果三个兄弟娶一个妻子，就能够扼止住这种财产分割的危险局面。按照这个地方的习惯，要娶妻子一定得花很多钱。如果长子和兄弟共有妻子的话，兄弟也能帮助出很多费用。在这点上兄弟共有一个妻子有很大益处。那么，这里实际的夫妻制度的情况是怎样的，这才是令我感兴趣的事情。根据我的调查，在这样的一妻多夫制家庭里，一般来说，丈夫中有一人是修行僧侣，他每天在寺院的冥想中生活；另外一人经常出去经商，其结果实质上还是一夫一妻的家庭。另外，在丈夫三人都是农夫的情况下，一妻多夫制就能表现出较圆满关系。在这种情况下，长兄具有特别的主导权。

与此相反,如果一个家庭没有兄弟而只有两个或两个以上的姐妹时,同样要娶一个丈夫实行一夫多妻制。在富裕的人家,男子也会娶没有姐妹的不同家庭的女子做妻子,实行一夫多妻制。总之,一妻多夫或一夫多妻的情况大约只占20%,大部分的家庭还是一夫一妻制。

一妻多夫和一夫多妻好像是未开化地区所采取的制度。然而,实际上在日本的明治以前,除正妻之外的侧室和妾也是存在的。在世界上严格实行一夫一妻制度的仅有基督教(这不是原始基督教)地区,这一制度是近代以来风靡世界并在世界上占有领先地位的欧洲人的道德规范,更进一步说,它是在资本主义经济下最合理的事物,甚至在亚洲各国也逐渐以国家法律的形式把它确立下来。我们可以认为,一夫一妻制是近代文明存在的一个基本条件,不过,把这一制度与一夫多妻及一妻多夫制度以文明和未开化的标准来区分其不同,就显得有些浅薄。同时,被一夫一妻制驯服的我们,尽管会把以上的婚姻制度以个人的欲望来考虑,但我们也不能忘记这些制度之所以被社会所承认,一定有它非常多合理的经济与社会性的存在理由。

喜马拉雅的民族具有各种各样的奇特习俗,看上去好像与我们相隔甚远,但仔细想来似乎藏族系的民族和日本人有非常多的共同点。例如,藏语就类似于日本语,有非常多的敬语。在英语等语言中,难以表现日本人感情的语言,用藏语却能非常贴切地表现出来。而且,人们讲藏语的表情和日本人讲日语的表情也很相似。

有一位法国朋友经常发自内心并富有感情地对我说:

"为什么西藏人不把自己不喜欢的事情清楚地讲出来呢!"(她合起双手弯下腰学着西藏人的样子说)当他们一说"罗—啦嘶、塔卡让臼(藏语,即'噢,是这样、原来如此')"时,我就感到难以对付,其实他们心里根本不是那个意思。西藏人实在是不好相处。在这点上,孟加拉人却不管什么都清楚地说出来,我感到这点和我们法国人很像。

她所说的西藏人这一特点完全像日本人的特点。对我来说,"罗—啦斯、塔卡让臼"却太好懂了。对于对方的期待给予相反的回答是不礼貌的。日本人出于社交礼仪,习惯上常把自己置于较低的位置,甚至是否定的意思也要用肯定的形式表达出来。这些习惯在日本人和西藏人中都表现得特别突出。至少这些特点能非常清楚地把我们与法国人和印度人区别开来。在罗马,我和一些意大利友人在一起时,一位妇女招呼我们,她一边向我们推荐手工制作的点心,一边说:"没有比今天的点心更好吃的东西了。"我拿了块点心尝了一下,觉得一点也不好吃,但是当那个妇女问我怎么样的时候,我却说:"好吃啊,特别好吃。"于是,我的盘子里就被堆满了点心,这使我陷入了不得不把这些点心吃掉的窘境。而意大利的一位友人稍吃了一点,就谢绝道:"够了,够了。"然后就去吃别的点心。后来,这位朋友对我说:"为什么要那样说呢?如果不好吃就说不好吃,为什么认为这样说是坏事呢。"对于日本人来说,这样说简直太天真了。在特意请印度人吃饭的时候,对于不好吃的东西他们会毫不隐讳地说不好吃。在印度人和拉丁系各国的人们看来,不管是日本人还是西藏人,好像都很暧昧,他们是令人难以理解的两个民族。

喇嘛僧侣的世界显得非常神秘,在这里我们好像来到了另外一个世界,但比起信仰基督教的欧洲和信仰印度教的印度来说,他们和我们又具有令人惊讶的相似之处。他们的礼仪习惯也好、思考方式也好,就连僧侣们一面掩饰特权,另一面又表现出大慈大悲,希望众人施舍的那种心理,都与我们的相同,尽管西藏人的卫生设备和家具都非常破旧。

三 加尔各答

加尔各答对我来说，是最难以忘怀的地方之一。就是从这里，我第一次踏上了印度的国土。每一次我浑身又是泥又是汗风尘仆仆从腹地调查回来时，都深深地感到加尔各答是多么文明的一种恩惠呀！加尔各答位于印度最肥沃的孟加拉平原之上，是沿着注入孟加拉湾的恒河支流胡格利河建立的人口约三百万的都市。自从英国统治印度以来，直到20世纪初（1911年）都是印度的首都，也是发展殖民地经济的中心。这里创造了印度最辉煌的文化，造就了文学巨豪泰戈尔，是孟加拉文化的中心。现在在城市里还可以看到英国殖民时期所留下的各种纪念物，如维多利亚式的古老的英国风格的建筑物，这本身就是殖民地时代的象征。农耕的孟加拉文化创造出一种异样的印度特色，这种特色在加尔各答南部的卡里寺院被发展到顶点，并在加尔各答的每个角落泛起层层涟漪。而在新兴印度的建设中，人们燃烧起了冲天的干劲,他们一边关注着变幻莫测的世界形势和世界经济浪潮,一边顽强地挑战着生活。

加尔各答北部——印度人的街道

进入加尔各答的航道入口——胡格利河岸的加尔各答港位于加尔各答南部,但是陆路和空路的入口却都集中在北加尔各答。它和印度北部的西埃鲁塔车站、去往新德里和马德拉丝方面的哈沃拉车站以及印度各地相连在一起;从巴古道库拉机场到加尔各答,首先通过的就是被称作"古加尔各答"的街道。

这个地区是纯印度人的街道,里面有我喜欢的哈里宋街,它是古老的加尔各答商业的中心地带。在宽阔嘈杂的道路两旁,整齐地排列着三层、四层高的楼房,这是商人们的商店(楼下)和住宅(楼上)。这一街道主要以卖五颜六色的纱丽为主,还有服装编织品店、卖黄金和宝石的珠宝店、钟表店、纸店、槟榔树果实和各种香料店、线香店、山羊肉店、杂货店等,水果店里堆满了椰子、芒果、番木瓜等热带水果;露天卖菜的小贩们只能并排拥挤在狭窄的地方。一些人穿行在穿绦毯的印度男人的人流中,他们头上顶着足有两贯目的水果和蔬菜;脏兮兮的水牛一边流着口水一边慢腾腾地和人们一起漫步,有时这些牛也在火车道上走来走去。当火车、汽车和人遇到它们时,都非常有礼貌地很谦逊地让它们先行。这些无常性的圣牛，如果在火车道上休息的话，所有的交通工具都得老老实实地停下来。

在加尔各答有很多这样的传闻，汽车撞了人之后，在法院审判时，如果你说"还不是为了避开牛，不得不转方向盘，这样才撞着人"的话，是最好的回答。这样，撞人罪就一定会减轻。这里的很多穆斯林教徒和外国人不在乎这些，常常把牛杀了吃，为此每年还导致大规模的游行，人们高喊着："不准杀牛。"每当这个时候，都有非常多的人参加，基本上每次都有两到三人在游行中因窒息而死。对于印度教徒来说，牛比人确实居于更高的位置上。

哈里宋街可以说是交通工具的博物馆。在这里能看到各种各样的车辆"景象"，有来自农村的堆满了农作物的牛车、载着商人的小姐们的马车、19世纪时的带有喀哒喀哒响声的有四角的汽车，也有刚从美国进口的最新式的普里马斯和福特牌汽车。有时在忙碌的车辆之中，还有羊倌在牵着300头左右的山羊群横穿马路。

最初当亚美尼亚朋友带我来这里时，我被不可思议的印度喧闹完全震住了。甚至在下午，这里的热闹程度也超过上午加尔各答其他地方像死一般寂静的街道的百倍，这条街道生气勃勃，充满了活泼的气氛。夹杂在大商人中的那些小商贩们，在连

三　加尔各答

一坪(一坪约等于3.3平方米)也不到的店中盘腿而坐,商品摆在自己的身边并挂满墙上,向来往的行人大声地叫喊着,专心致志地做着生意。从某种程度上可以说,在这条哈里宋街有不少大商人,他们的交易圈不只是在印度,而且把伦敦、东京等也置于他们的交易圈中。这里也有一些日本商社的人往来经商。

印度的街道

这些商人大部分被称为"玛郎瓦里",由于具有卓越的经营能力和商业意识,他们控制着印度主要的商业和金融领域。"玛郎瓦里"是指在北印度"玛鲁瓦鲁"这个地方出生的人们,他们是信奉耆那教*的一个特殊群体。他们以血缘为中心组成行会团体,掌握着全印度的商业,特别是过半数以上的金融业。他们除了赚钱之外,别无他图,是印度发达的特有的商人集团。被称为印度犹太人的这些玛郎瓦里的本领和能力,完全可以和东南亚的华侨、以地中海为中心活跃于世界各地的犹太人和莱巴塔相匹敌。在印度,人们常这样说,在别的地方获得成功的华侨和犹太人之所以在印度很难成功,就是因为这里有玛郎瓦里人。据说这些人与华侨和犹太人的不同之处,就在于他们几乎不去印度之外的国家和地区经商。他们信奉耆那教,是极端的素食主义者,平时只吃少量的牛奶、红茶以及被叫作乔帕傣依的像非常大的酥脆饼那样的面饼和蔬菜咖喱。即使是有亿万财富的商人也和下层的玛郎瓦里一样,吃一些俭朴的食物。对于女性而言,她们甚至比印度教徒还要封建,从头到脚戴着沉甸甸的金银装饰品,穿戴着噼喀噼喀装饰的特殊纱丽,常常用衣服的一端把脸遮住。她们的丈夫们只是拼命地赚钱,也不关心她们,所以夫

---

* 梵文,jina,印度的一种宗教,反对婆罗门教的沙门思潮,主张苦行与戒杀。——译者

人们与老板在一起通奸的比例也很高。

尽管他们不去国外,但是他们却向印度边境的各个角落发展。在未开化民族地带的出入处,几乎没有印度教徒,但在这些边境地带,一定会有玛郎瓦里商人。他们为了做生意,具有向未开化民族学习的特殊才能,并能承受各种各样的痛苦,年年都能获得成功。我在进入腹地的时候,在最后的地点,所需要的白糖、香烟、油、盐等,都是从玛郎瓦里人开的商店中买到的。在连接边境和加尔各答的小飞机场,我常常看到与为数极少的外国人和印度的高官夹杂在一起等待飞机出发的玛郎瓦里商人,他们裹着很脏的棉衣,拿着水瓶和类似于云游僧人的背囊,站在用毛毯裹着的油腻的铺盖行李以及很多带钥匙的铁制大皮箱的周围。他们完全不讲虚荣和面子,满脑子装的就是如何赚钱。

此外,在哈里宋街,除玛郎瓦里人外,还有本地的孟加拉人以及为数很多的尼泊尔人、波斯人、亚美尼亚人、克什米尔人等。从大路横插过去,在一条小路旁通过昏暗的楼梯,上到三楼,一位穿着尼泊尔服装的商人,在忙碌的老板的命令下,正在看着各种文件。在一间大屋子里,有刚从意大利运到的堆积如山的纯粹的毛织品,在走廊上遍地都是捆包的货物。据说这些是要用来做成西藏喇嘛的僧衣。这一大堆被捆包起来的行李,先用火车运到西里古里，再用卡车运到国境城镇噶伦堡，从噶伦堡再用毛驴运载，翻过喜马拉雅的天险，运到西藏的首府拉萨。这位商人是三兄弟中的老大，最小的弟弟在噶伦堡开商店，二兄弟负责拉萨的商店。现在尼泊尔首都引退的他们的父亲，曾是西藏与印度贸易中有名的大商人之一，在西藏，人们亲切地称他为"迦毛·卡鲁疱"（戴白帽子的人）。我一边喝着牛奶和放了很多香料的红茶，吃着用牛奶和白糖做的孟加拉点心，一边听着外面传来的喧闹声，这颇具异国情调的哈里宋街活跃的经济，令我深切地感觉来到了印度。

在哈里宋街的里面，像魔法药一样，摆着各种各样的咖啡，我很喜欢坐在这里卖土耳其咖啡的那位波斯大伯。在这里，商人的吆喝声、线香、香料的香味与汗臭味、灰尘的气息、恒河的泥水的味道互相交织在一起。此外，在这条街上，牛粪和过往行人吐的痰，好像被槟榔扎过后浪花四溅那样，搞得街道脏乱不堪，有时人不小心还不时地会撞在牛头或牛的屁股上。尽管如此，我却很开心。这里确实洋溢着一种具有印度特点的勃勃生机。常常对生和死好像显得完全无所谓的印度人的眼睛，在这里也不知为什么变得炯炯有神。

从哈里宋街往南，是堡乌巴扎和嘉恩巴扎。这一带以孟加拉人为多，也是加尔各答最古老的地方。这条路上到处都是商店,附近住着我的很多孟加拉朋友。塔告鲁夫人的邸宅就在这里的一个角落里。以夫人的邸宅为中心,有一条称作为塔告鲁的街道,这一带是塔告鲁家族居住的地区。从喧闹的街道进到这里,在里面的混凝土墙壁的房子中,病弱的夫人在很多侍从的侍奉下安静地休息着。曼陀罗(佛教)式的装饰画每天都要换过。宅邸有50平米正方形的院落,四周环绕着曼陀罗式屋檐的走廊,家族成员起居的二楼面对着院落。在这个四角形院落的中央,还兴建了一个礼拜的场所。塔告鲁的家人们属于以加尔各答为中心所形成的有名的新印度教团——婆罗·弗玛·萨玛玑(Brahma Samaji)*,所以也没有什么礼拜之说。这一四角形的院落一半由塔告鲁夫人的家族使用,另外一半住着夫人的丈夫的家庭,在这个建筑物里还住着同族的其他人。这是孟加拉大家族的典型建筑。

孟加拉旧式的上流人士,几乎都住在像这样的建筑物的住宅中。据说在印度不管在什么地方都一样,这些住宅的日用器具都很朴素。在非常正规的上层人士家中,坐在非常整洁的床上吃饭,然后在客厅不受拘束地畅谈一番。在客厅把50公分左

---

* 19世纪,深刻接受西方思想的加尔各答的知识阶层,是对历来的印度教主义进行改革的宗教集团,具有强烈的包括否定偶像崇拜的一神教的倾向,也对印度教的社会秩序特别是种姓制度提出了强有力的批判。——译者

1975年10月,作者(左二)在加尔各答做大家族的调查时,与查库罗巴蒂家四兄弟的妻子们在一起。

右高的两个双人床合为一个非常大的木床,铺着很薄的垫子,上面放着很多一米左右大小像圆枕头那样的垫子,人们可以任意地靠着它,自由地聊天。妇女由于穿着纱丽,可以用裙褶的下半部分遮住腿,盘腿而坐(这是一般的场合),如果一躺下的话,能看到里面美丽的身体。作为来访者,吃过饭后,必须正襟危坐在小坐垫上的我,非常羡慕那些穿着纱丽的妇女们,她们可以自由自在地躺着就能说话。这种穿着纱丽就可盘腿而坐、随便躺下,而非那种正襟危坐的形式,确实很好。即便在欧洲,当非常亲密的朋友聚在一起时,也是坐在毯子上或者坐在沙发上,这与印度的这一习惯,相差不是很远。

上流社会的家庭在客厅经常举行音乐晚会之类的活动。如果你漫步在加尔各答的街道上,很难发现像这样漂亮的女人,在这种音乐会上所呈现出来的女人动人的风姿,令人眼花缭乱。这一类的晚会,大多由女主人主持,所以格外引人注目。加尔各答上流社会的女人,虽然不那么容易像日本等国的妇女那样在国际范围活动,但她们具有一定的社会、文化方面的潜在的能力。诗人、艺术家、作家、学者等常常聚集在一起,这些有名望的人能自由自在地出席晚会,这和漂亮的女主人关系很大。有一天我突然听说,常常互相拜访的、并且给我还画过像的一位有名的画家突然去世了。据画家的朋友私下和我说,这位画家是由于得到加尔各答一位有名的女士的援助而获得成功的,但到晚年,他为那位女士所厌恶,只好出门远游,而这位女士给这位画家要去的地方的欧美画家和熟人寄送了对他不利的信函,迫使他悲惨地狼狈而归,一年左右就去世了(早上,这位画家在院子里散步的时候,突然倒地而亡)。据朋友说,他的直接死因还不明朗,好像是被杀。

基于此,我对塔告鲁夫人说道:"塔告鲁女士,孟加拉确实是美丽富饶的地方。在这片土地上也培育出令人吃惊的美与丑、善与恶。"夫人微微一笑,非常和蔼地答道:"中根小姐,你现在才开始了解孟加拉了!"之后我的经历也证明,像孟加拉那样非常好的人和非常差的人我都没遇上。当然,偶然间也有被骗的时候,也有遇上冰冷目光的时候。但是,那时,我所遇到的最为可恶的莫过于那些心毒之人。在日本"あいつ"是常用于见到一个坏家伙时说的词,而在孟加拉好像是用"チヤチ"这个词。在日本即使有机会,也很难碰到像我在孟加拉看到的那样具有特别的修养、非常优秀的高贵品格的人。像这种极端的善和恶、美和丑共存的现象,反映了一种什么特点呢?在日本有"近朱者赤"这一谚语。但在印度这一谚语未必行得通。有一位印度的朋友回答我这一问题时说:"因为我们是彻底的个人中心主义。"印度人不管是在精神上、心理上还是物质方面(妇女的纱丽和装饰除外),甚至是虚荣心等方面,确实常常并非以他人为标准。这与追求虚荣的日本人正好相反。所以大家都是很彻底的个人主义。而且像这种彻底性,是基于长期的传统养成的,在一般的社会中,像在印度所呈现出来的人格的两个极端的反差,是不可能看到的。因此,历史传统、古老文明对于人类性格的形成所起的作用,并不是虚假之说。猛然间,我想起了阿萨姆的未开化人。在他们中间,所谓的坏家伙一个也没有。大家都是善良的,但他们却远离具有高尚人格的地方。这使我又想起了印度文化的悠

三 加尔各答

久和伟大。

我从塔告鲁宅邸出来，又往南走，来到了以加尔各答大学为中心的卡莱吉大街。在这条街上，有很多书店摊位，堆有很多灰尘的书店屋檐连着屋檐，就像在日本东京的神田那样，书店林立。但是在这里集中的几乎都是孟加拉文学、英国文学、印度哲学及在加尔各答大学所使用的教科书及其与此相关联的书籍。涉及阿拉伯、波斯、西藏关系的书及美术、历史、地方史等，以及专供特殊学者和外国人的书店仅有两三家古旧书店。这些店主，非常熟悉国际上的价格，把外国出版的书籍以伦敦的两倍的价格高价出售。不过，当不想买的时候，胡乱砍成一半以下的价格或者1/3的价格，有时还真能便宜下来。我经常去得姆勘露基书店，它是加尔各答最大也最守信用的古旧书店。从卡莱吉大街稍往东有一条小路，经过一个灰墙的很小的入口（提示等都没有），穿过充满霉味的很黑的楼梯，上到三楼，就是这个书店。

这个书店的主人，叫姆勘露基，是典型的孟加拉的婆罗门，常常用浅绿色的棉布在腰上裹一圈，露着红铜色的半裸的上身出来迎接我。在林立的书架上，甚至在印度式的床垫上面，非常窄的地方堆着杂乱无章的书和没有分类的各国各语种的书籍。从书店宽大的窗口向外望去，能看到加尔各答家家户户红褐色的屋檐。我在一个桌子边坐下，正好对着书架前的办公桌，办公桌上堆着孟加拉人经理的英文及其他书籍。在右边垫子上的书之间，好容易才能见到一点空出来的地方，另外两个经理正在整理书。姆勘露基戴着眼镜，给人一种非常信得过的感觉，他正弓着腰慢慢地在堆积如山的书和书架之间移来移去。我在从欧洲来的新刊物、书籍中以及几乎被人完全遗忘的地方史中，寻找和我的专业有关的关于西藏、阿萨姆、马拉巴鲁地方的文献，转眼间这些文献连我刚到加尔各答时在这里订的书一起，堆成一堆放在我的面前。当我从中挑选的时候，有一位脸色奇黑、50岁左右的职员，一边抽着烟，一边靠近我，以一种带有色情的眼睛直盯盯地从我的夏服到脖子、胳膊扫视一周！（也就仅此而已，别的什么也没做。）姆勘露基从头到尾都在书屋，并没有去理会所发生的事情。这令人心情无法愉快。

花了很长时间，我终于收拾好了我要买的书，喊了一声"喂"，从书架的黑暗处出来一位赤脚的上了年纪的职员，我让他打成小包，我不仅什么也没说，而且连收据什么的也没留，但这些书却不可思议地一点也不差地都寄到了东京。如果不经受这些毛骨悚然的考验，在印度就很难买到这些旧书。后来，我每次去加尔各答都要到这个书店。

三　加尔各答

占北部加尔各答人口过半数(在加尔各答的其他地方也很多)的孟加拉人,和印度的其他地方的人相比,接触英国人的时间最长,所具有的欧洲式教养也要高出一筹。中上流社会的知识分子,夫妇俩都能讲流畅的英语,在外国留过学及受过地道英国式教育的人很多。从其他地方的国粹主义者看来,孟加拉人的西方化有些出格,他们对此也多有微词,但另一方面,正是在孟加拉,在印度独立前夜,也是最激进地开展民族运动的地方。

在我看来,印度作为英国殖民地的根据地,其殖民统治最为强大,而由孟加拉文化所培育出来的加尔各答人,却形成了在印度其他地方看不到的抵抗精神。1905 年,印度总督嘎爪恩为了加强对印度帝国的统治,公开发表了分割孟加拉的分割计划,以此为契机,以加尔各答为中心,在以 B. C. 帕鲁、A. 高休为首的领导下,开展了轰轰烈烈的抵抗运动,由此引发了印度各地的民族运动。1911 年,就在向新德里迁都的同时,以加尔各答为中心的争取独立的民族运动一浪高过一浪,涌现出了著名的独立运动的志士、伟大的孟加拉人——修帕斯·卡恩稻拉堡斯,这一争取独立的运动在第二次世界大战前达到了顶峰。

即使是今天,加尔各答人在夸耀为印度独立而作出巨大贡献的孟加拉时,都不会忘记当时斗争的艰辛。由于乡土观念很强,比起印度更爱孟加拉的人们,反对以印度北部讲的印地语作为印度的国语,他们认为,我们与其说印地语还不如说英语。

英国殖民地统治以后

一穿过卡莱吉大街,渐渐地,20世纪,不,不如说带有浓厚的19世纪的英国特色的加尔各答的风貌展现在我们眼前。这是由劳稻·库拉伊(1758年年初,被任命为孟加拉的知事)和沃噢莱·海斯青古(1773年年初被任命为孟加拉的总督)建造的殖民街。17世纪末叶由于以孟加拉为据点的东印度公司的发展,从1858年到1911年迁都德里前,作为印度帝国首都的加尔各答一直是英国进行殖民统治的根据地。

在这附近一带,布满了银行和商社的办事处,东京银行的分店也坐落在这里,而那些邮船、大阪商船的旗帜与美国总统轮船公司、P.O.公司的旗帜在一起迎风飘扬。外地人和外国人猛增起来,印度人的生活节奏也发生了变化,穿白西裤、衬衫的人也多了起来。在这里你可以感受到资本主义文明的气息,好像和伦敦、东京直接结合了起来似的,磁带的声音、汽车的运转,又让你感受到20世纪的速度。与这条街相连,诸如教会、把国外最新的书刊集中在一起的整洁的大书店、皮毛商店、贵金属店等都非常有气派地并列在一起；另外，在这条街上还有非常大的东方式旅馆的老式有庭院的房子。在其南面以可可椰子树为背景，能看到孟加拉市政厅的红色的高大建筑物。从市政厅的建筑物向南，沿胡格利河岸，从1690年东印度公司的北印度出入基地的乌伊里阿姆城塞，到远处的乌伊库桃里阿纪念堂（这里陈列着印度殖民地时期的历史资料）一带，绿色的草坪广场非常宽阔，现已成为加尔各答人最好的散步场所。从这一草坪广场的左右两端望去，有加尔各答最主要的道路乔林恩给路通过，在其右侧并列着华丽的宾馆、法刨（法国料理的饭店）、都市影院及各国际航空的办事处等。其中，最高大的、矗立于天空的奶油色的建筑物就是国立印度博物馆。在博物馆里，陈列着以加达拉古普塔式为主的佛像，以及孟加拉、比哈鲁邦的印度教的神像。此外，一些专业性的发掘品分散在考古学部、动物学的陈列室及研究室，我也有研究室，属政府人类学部，在博物馆的四楼。由英国人建的这一建筑物，在印度独立后，完全由印度自己的工作人员来管理、运营。

我在那里的时候，人类学部的部长是古哈博士，博物馆有工作人员百人左右。和我在同一研究室的有姆卡吉和巴塔卡路基两位婆罗门出身的优秀的民族学者。姆卡吉和巴塔卡路基，不管是读书、做笔记，还是待在那儿，好像常常处于一种安静的冥想状态。这是经过千年以上，由僧侣、知识阶层延续下来的优秀的婆罗门传统。当我无聊的时候，我常常凑到他们中一人的桌子前，特别高兴听他们讲印度的事情。受传统的孟加拉文化的熏陶且从事像人类学这一在欧美近代以来发展起来的学问的这些印度学者，对于我提出的坦率的问题特别容易理解，而且非常有趣地向我解释有关印度的社会制度和礼仪等。不过，有的时候，如果我一说到吃牛肉，他们就皱起了眉头，有时也把我的事和贱民联系起来，开一些玩笑。当不说话时，屋里特别寂静，只能偶尔听到招呼佣人的"旗恩"的声音。在20坪的屋里，在很高的天井处，风扇不时地发出喀哒喀哒的声音，桌子上堆满了笔记和书籍以及翻开来的书，为了不让纸张等被吹走，压着很多秤砣。稍不注意，纸就会飘起来，落到床上，（研究者）喊"旗恩"时，就按一下桌上的铃。铃一响，穿着白色制服、坐在屋子入口处的仆人，赤着脚就走了过来。他的脸上没有任何表情，你一指下面的纸，他就把它拾起来放到桌子上，然后弓着腰退回到原来的位置。他们读书时需要一些参考文献，马上就写在纸条上，一喊"旗恩"，就交给了仆人。不识字的仆人，自动地来到图书管理员处，过了两三分钟，没有任何声音地就把书拿了回来。没过多久，又开始了"旗恩"，这次是为了削铅笔。刚开始的时候，我都是自己修铅笔、自己去图书馆借书来，常常招来同事的不满，原

三 加尔各答

因是有仆人而不用。不得已我还是把铅笔交给仆人修了,不过由于他太笨手笨脚了,铅笔是修了,但很不好用,真是没有办法。还有些时候喊"旗恩",是因口渴,让他拿水来。在房间的一隅,有一素陶的大壶,这是为了让研究者喝稍凉一些的水。仆人拿来放在桌上的水杯,就是装的这个壶里的水。为了研究者的这些小事,在每个研究室的门口处都有仆人守在那里。早上,一去研究室,所有的房间都清扫过了,干净的仆人站在入口处,把手放在额头处,说着"萨拉姆"(您好)向研究者问候。

在印度如果说学者只是在用脑袋真是名副其实。这意味着这里是学者的天国。如果研究者自己亲自去图书馆取书,自己去弄水喝,仆人一点也不会高兴的。相反,他会觉得你在夺走他的工作。有这样一件事我印象很深。有一位外国妇女,因为要洗很多衣服,觉得佣人很辛苦就想自己干,于是自己就把衣服洗完了。结果,第二天,这位佣人过来说,请你解雇我吧。佣人如果希望增加薪水,就要增加工作量,这样也不会被解雇。不过,佣人不管得到多少薪水,都会说请多给我一些工作的机会。他们认为主人就应该有主人的气派。在印度,由于彻底的分工意识特别强,人们各自都不会做自己工作之外的事情,同时也非常讨厌自己的工作由别人来做。

开始的时候,我用通常日本人那样的思考方式来想这些事情。其实尽管同为人，彼此之间却会有很大的社会差异。另外，经济上的差距也是非常大的。然而，他们并不立足于像我们那种的上下、贫富的价值观。比这更为重要的是他们好像具有很强的分工理念。

因此，研究室的仆人给学者做的那些很细小的事，对他们来说就是很正规的工作大事。在我看来，这一强烈的分工观念，强化并且支撑着整个印度有名的种姓制度。而且，婆罗门直到最近仍是以作为僧侣、学者的阶级，来代表印度的知识阶级。我在印度习惯了这一愉快舒适的研究环境，去欧洲后，为了查找参考文献不得不出入书库，同时，当我一看到那些学者朋友饭后去洗碗时，我就非常怀念印度学者的生活。

出了这个博物馆稍往南去，有一个公园街道的十字路口。在这一带并排着很多专为外国人开的商店，诸如孟加拉-亚洲协会、中国料理店、柯达（相机、胶卷）代理店、饭店、外国书专门店、为外国人开的妇女服装店、药店等。在这一公园街道的周围，特别是南边，一直是外国人的住宅公寓区，而且，各国领事馆也多在这一带。这里通煤气，非常清洁。尽管从报纸上常常看到，在北加尔各答每天都出现有霍乱患者数人的报道，但这里却是能够平安生活的地区。

像这样，即使同在加尔各答，土著印度人的生活圈子和统治者英国人在地域上也是被明确地区分开来的,各自的行动半径被自然规定下来。即使是现在,从达鲁哈吉-斯库艾阿沿着乔岭给,从表面都能看出,加尔各答外国人居多。虽说英国人的统治结束了,但直到1954年,在加尔各答住的英国人还有约3000人左右,与在这里的其他所有外国人的总人数相当。在加尔各答现在也有一些欧美人组成的俱乐部,像游泳俱乐部、高尔夫俱乐部,严格规定只有白人才能参加,不用说英印混血种人和印度人,甚至连日本的总领事也不能入会。虽说印度已经独立,然而"白人"的观念非常可怕且露骨地表现出来,这里仍然充满了殖民地的气氛。

　　与联结延伸到这一公园街道南面的外国人居住的地带和北部印度人居住的乔岭给并行的街道一带,全部都是英印混血种人居住的地区。所谓英印混血种人是指,英国殖民地统治的200年间的私生子、英印混血的人们。据说全印度现在有11万多英印混血种人,其中大部分住在加尔各答。在殖民地时代,他们被英国人重用,也受到比较好的社会待遇,但是印度独立以后,他们却从印度人这里得到最悲惨的待遇。如果让印度人来说的话,他们是处于社会最下层的人类。这些混血儿的母亲或者祖母,多为印度的下层女子,尽管在印度人之间要避免与种姓之外的人结婚,何况和英国人——所以多数没有正式结婚——所生的孩子也不被接受。这些混血儿处于两难的状态,尽管他们穿着西装、说着英语,但他们并不能适应英国人;他们出生、生活在印度但又不是非常正宗的印度人。他们有着黑色的眼圈,这一黑色浓淡不一,不过,从他们的举止、说英语的方式,一眼就能看出他们是英印混血人种。他们非常羡慕外国人的生活方式,但他们收入低,只能住在贫穷的家里、吃着印度式的饭菜。尽管他们能讲很流利的孟加拉语和印地语,但他们尽可能地不去讲而常常使用英语。很多年轻人在外国人的办公室做打字员、一般事务员、以外国人为对象的商店的店员。他们中也有一些具有相当高的社会地位、经济上富有、人格上也非常优秀的人。不过,大多数人都很贫穷,值得注意的是他们带有社会的自卑情节,性格上显得非常倔强。他们的婚姻大多在他们内部之间缔结。在"白种人"的观念非常强的这块土地上,即使欧洲人和英印混血种的妇女有了关系,他们都会极力保守秘密,更忌讳结婚。这是因为白人社会对此会严厉地抵制,从而划出了一条明确的界线。土著的印度人和白人社会都冷酷地对待他们,现在在印度,形成了一个英印混血人种的非常明确的阶层。总之,在印度尽管有未开化民族的问题,但英印混血人种是由英国人留下来的印度社会的大问题之一。

三　加尔各答

加尔各答的日本人

　　二次大战后,我在国外的旅行中,我深知日本人是非常亲切的人。不只在加尔各答,即使待在各国的日本人,所表现出来的那种亲切感,仍会令其他国家的人感到很不可思议。我常常从经常出国旅行的人那里听到,大使和公使官僚习气很浓,对人不热情,但这难道不正是日本的旅行者对于在外公使所抱期望太高的原因吗?在我看来,大使和公使应对自己国家的旅行者表现出极大的热情,就像这是政府的重要工作。表面上看这似乎是合情合理的。不过,像我这样观光旅行的大部分日本人,没见过在外公使或者其他待在这里的本国同胞,希望通过介绍或者利用他们的身份去飞机场接送、委托其预订宾馆,进而能请顿便饭,以及能给他们做向导等,这些也是合情合理的想法。正因为有如此的期待,当对方的做法与其想法不合拍或出乎预料时,就自然地会说他们"不热情"。事实上这些也是待在国外的日本人应付不了的。旅行者只考虑自己的事情,比如加尔各答是到欧洲航线的中转站,来往途中转机的旅行者的人数相当多,所以,总领事馆和商社的人们,忙的时候,不得不一天三次往返于加尔各答和达姆达姆飞机场的炎热的道路上。他们因而将应该发挥在工作上的能量,大多消耗在通往飞机场的道路上了。不管是哪个国家，在机场的服务台上都会有预订宾馆房间的一些简单的信息，也有到宾馆的车，所以，特意麻烦在当地工作的日本人来接送，一点必要也没有。对于不是很潇洒的日本人，与其责备在当地的日本人不亲切，还不如认真反省一下自己的"乡下佬的素质"。在印度、西亚、欧洲，日本人的迎送非常多。即使不到国外，就在羽田机场，如果你看到那么多无聊的人在迎来送往，马上就会明白我说的这些。尽管日本人在电视、电气化生活方面，可以说得上是非常文明的国度，但是这种送迎的方式好像是露出了未开化人的尾巴。

留在加尔各答的日本人，当时约 70 名左右，其中大部分是贸易商社（以及船业公司、银行）的人，这是其特色。

日印贸易在两国政府之间开始于二次大战后的 1945 年 9 月，从 1947 年 8 月开始，民间贸易也被认可。朝鲜战争期间，即 1951 年到 1954 年间，其贸易的显著进展，令人刮目相看。我去时的 1953 年，各商社的派驻人员以一种特有的开拓精神紧张有序地开展着贸易。但是，即便如此，这时的贸易仅相当于战前日印贸易的 31％。

战前的日印贸易主要是原棉的进口与纤维品的出口。1937 年、1938 年日本对印贸易额合计为 3.02 亿卢比，英国最多为

10.4亿卢比,缅甸次之为3.54亿卢比,日本占第三位,确保了印度市场的地盘。当时日本商社的活动中心是原棉的集中产地。控制着纤维制品的进口港孟买,东棉、日棉、江商、三井、三菱等各自都有30—50人左右的常驻派出人员。年轻的派驻人员,总是要到相当偏僻的地方收集原棉,在这里不乏了解印度的、非常优秀的商社职员。

战后由于印度的独立,印度经济发生了显著的变化,在这一背景下,日印贸易的原有状态也发生了很大的变化。即由于印度棉花业的发展,印度原棉的出口额度减少,加之工业化的进展,棉纱布的进口已没有必要;另一方面,伴随着产业五年计划的实施,基建材料、机械类的需要在不断地增大。基于此,作为日本方面,替换原棉成为主要进口品的是铁矿石、废金属以及石灰、原皮、皮革等,出口方面代替纤维品的机械、钢铁制品以及化学制品不断增大。

所以,控制铁矿石产地(与加尔各答孟加拉州相邻的毕哈尔邦是主要的产地,其储藏的数量约百亿吨左右,据说即使以现在的比率来开采的话还足有两千年的寿命)的出口港加尔各答取代了战前的孟买,成为日本商社活跃的舞台。另外,加尔各答还控制着孟加拉邦和奥里萨邦,这两个邦都拥有设备齐全的工厂,即使作为成套工业设备的进口港也是非常适合的。

1962—1963年,作者(二排右二)与东京大学的福武直教授和大内力教授一起,在古吉拉特邦和西孟加拉做农村调查。

但是,纵观之下,新的条件下的日印贸易还不是非常明朗。事实上,1952年到1953年度,日印贸易再次趋于下降的态势,而且,从1954年开始陷入贸易逆差的状态,而在出口方面由德、意、英等强国所控制。另外,随着印度自身的工业化,日本被从印度的市场中排挤出来的趋势变得越来越明显。在机械类出口方面,英国具有自己的传统,德国、美国和瑞士存有大量外币,而

三　加尔各答

在出口方面还有和日本激烈竞争的意大利，日本由于外币缺乏，出现了长期信贷的困难。这就是摆在我们面前的各国的现状。此外，不仅在外币方面，而且在贸易的技术层面也有一定的困难，如制造机械产品，具有技术人员的日本制造商不和买入方印度方发生直接关系，其买卖往往通过日本贸易商来完成。商社的职员即使暂时能说明这些产品的目录，但是一遇到非常专业的技术方面的问题时，对机械类的产品讲述不清，同时也有语言方面的困难问题。对印度来说，它可以脚踏两只船。而且，日本的产品几乎都是在战后才进入印度市场，而同样的东西，到目前为止印度人还是习惯使用已有的英国、美国、德国或瑞士的产品（因为懂德语的印度技师容易找，而懂日语的技师就难觅了）。在这些国家中制造商直接和印度方面交涉，并派遣英语熟练的技师去印度。此外，日本的产品可以说其最大的缺点是没有售后服务的保障。

战前，经营原棉、纤维产品有才能的日本商社的职员，由于战争的原因，贸易往来中断后，他们对经营新商品的市场形势、贸易结构的变化、国外的外汇管理等情况，没有做过必要的调查研究。战前与印度贸易的宿将们现在几乎都到了退休的年龄，而且，现在的职员对于战后印度经济的变革状态也不清楚。战后日本商社在加尔各答的派驻人员，由于受外币和人员的限制，各公司只有一两名左右（几乎都把妻子留在家里，自己单身赴任），尽管竭尽全力也达不到预期的效果，就像上面所提到的那样，（日本人）接送往来的客户、制造商以及其他有关系者，占用了大量的时间，这样对于印度经济结构的调查和研究就不会有充足的时间。而且，每个人待一两年后就轮换回国，没有长期留驻的（各公司与其说是有特定的专门派往印度的派出人员，还不如说这种派遣是作为公司自身内部人事交流的一个过程而已，像派遣人员去加尔各答的这种方式，派往外地的趋势越来越强），另外，不能长期待在印度还有较为重要的原因（印度方面，不情愿给商社的派驻人员签长期签证，商社人员多数拿到的是三个月的短期签证，其延长的期限最多也是一年、两年）。

由于以上原因，加尔各答的派驻人员人数非常有限，为了贸易的安全和实际业绩的扩大，不得不做一些目光短浅的贸易。这就是，每个单位要么进口很多原材料，要么很辛苦地进行小额贸易，而且，特别是被视为风险的东西，向印度出口时，往往也尽量避开，其结果就造成贸易逆差的状况。

这些原因是造成日印贸易非常不利的因素，除此之外，更令人困惑的是，日本在印度的商社乱设一番，他们之间存在着无序的竞争。在加尔各答的十几个日本的商社几乎经营完全一样的进口出口商品。这些公司在购进大量的铁矿石、废金属的同时，

三　加尔各答

数个商社所开的店，居然都是日本同一制造商的代理店。这在印度的市场中，使日本商社间的竞争更加激化，进口的情况，表现在收购竞争上，这就是随意抬高价格；另外，在出口方面，由于竞争，导致压价购买，这种情况，从日本经济的整体来看的话，都是没有必要的无谓的损失。

尽管我们是外行，如果你住在加尔各答马上就会明白这些，在这一意义上，商社之间激烈的竞争，远远超出我们的想象。据说有一位日本的大学教授，去到加尔各答的邮电局中，正好有位日本人，这位教授有一种异乡遇故人的亲切感，就前去打招呼，而那位日本人脸上绷着青筋，一点也没有寒暄就责问到："你是哪个商社的?"对于商社的人们而言，其他的商社都是他们的敌人。在加尔各答的大部分日本人为商社的工作人员，这尽管是日本人中的极端的例子，但像这种紧张关系，一直存在着。我和其他的一些人在加尔各答同 A 商社的人在饭店一起吃过两三次饭，从中发现很多问题——日本人之间人际关系的信息传递速度之快，非常令人惊讶——热情的(爱管闲事)第三者带有劝告式地问我，如果 B 商社(主要对付 A 商社)的人偶尔请你去吃饭，该怎么办? 我和铁矿石、废旧金属没有丝毫的关系，这样说实在是有些过分了。在加尔各答，如果和日本某商社的人在一起，被其他的日本人所看到，双方就开始感到有些疙疙瘩瘩。

实际上，这是日本贸易所表现出来的弊端，也是人口过剩和具有特异机构的日本经济的反映，这也不能责备派驻在加尔各答的日本人。

这些日本商社的派驻人员，面对日本奇特的产业机构在国际上竞争的不利条件，最大的苦恼是面对印度的商社和往来客户的关系。即使是在亚洲的整个贸易国中，印度对于日本人而言可以说是最难对付的。就像前面所提到的那样，印度的商人大多是由被称为印度的犹太人的玛郎瓦里这一族群所控制。这些人具有前近代的行会性质，相互间结合得非常密切，除对赚钱有兴趣外，对其他的没有任何兴趣。在他们自身的行会中，信用具有绝对高的价值，但对于外部人而言，他们是一伙最没有信用的人。如果从日本人的感觉来说，他们是非常狡猾的。他们尽管刚与日本的 A 社签了合同，数小时后，他们又心平气和地与日本的 B 社签了合同。把和 A 社的合同当作废纸扔到一边，是家常便饭。与这种如此坏的印度商人打交道，据说日本关东的人是不会去做的，这是因为日本商社派往印度的人几乎都是关西出身。以大阪商人的秉性，不管什么，只要能做的就会去做。

遇到这种情况，据大阪出身的派驻人员 Y 所言，本公司虽然也顺理成章地做了，但被完全捉弄的情况也很多。即想骗人，结果是被人所骗。例如,购买铁矿石时,对方说得很好听,可以便宜一些,结果当堆满铁矿石的船到达日本后,从总公司发来的电报才得知,实际的东西,比合同上的铁矿石质量要差很远,这在价格上亏损很大;或者是,上面堆着合同上规定的铁矿石,而下面的那半部分质量非常糟糕;或者比规定的数量要少很多。在我看来,商社的派驻人员应该经常去加尔各答港,看着他们装货。结果就听到各种意见:

"应该按合同送货,同时也应去加尔各答港看着他们装货!"

"按理说应该如此,但是你不可能24小时一直盯在那儿,而对方24小时一直在那里干着,我一个人还有其他堆积如山的工作,这些都是不通人情的玛郎瓦里人做的事情!"

"为了赚钱就应不顾一切,除像他们那样狡猾外,没有别的对付办法!"

"是啊,他们视钱要重过面子。"

在这点上,好面子的中国人和印度人有着显著的差别。不只是玛郎瓦里,即使是一般的印度人,也并不像我们那样,有"面子"和"羞耻"的概念。印度人与把"羞耻"看得很重的日本人是完全不同的。

"如果从我们的要求对对方要有信用的价值观来看的话,尽管不是对所有的人,但如果没有了面子,是非常糟糕的,所以即使不赚钱,也应该保全面子。而他们为了更好地赚钱,可以说不择手段,而且他们做得很巧妙,细想起来,从某种意义上可以说,他们的脑袋非常聪明。"

"是这样的,在这一意义上他们的脑袋确实聪明。如果和印度商人比较起来,与东南亚的贸易就显得非常简单,那里与印度完全不同。"

我也深深地感到,这一古老的国家,经过各种磨难,经受住了各种考验,造就了这一民族的本领。当然,这也不是和历史悠久、民族的痛苦有着必然的联系。不过,这种事情,即使在别的国家也会被视为"恶"的东西。和印度人有所不同,在做生意等方面,犹太人和中国人的本领也同样很强。与这些人(印度人、犹太人、中国人)相比较,历史比较短、几乎没有过和其他民族接触的苦恼的日本人,要具有像这些人所具有的特殊的才能,用太刀(日本古时配用的长刀)是打不出来的。把如此难的印度统治二百多年的英国人,可以想象会遇到的怎样的抵抗。然而尽管他们拥有统治者的特权,但在印度的英国人和日本人及其他的外国人一样,决不说印度人的坏话。冷静的印度人在和人交往时,非常巧妙,一点也不会疏忽。如果从印度人的日常生活来看其接人待物的方式,日本人与其相比的话不能不说过于天真。

"哎,不只是狡猾,在其他方面的一些价值观念也有着明显的不同,那是如何做贸易的呢?"

"哦,是那样。比如把有的东西以150日元的价钱卖给对方,他就能赚100日元。但是,这个价钱常常会遇到对方怎么也不买的情况,这个时候的价格120日元以上不管怎样也是卖不出去的,但也不会低于120日元的价格。这样,印度人只是少赚了30日元。而与此相比日本人考虑的是20日元的赚头。对于日本人来说,只要不亏本,就不认为亏损。而印度人尽管按原价卖了出去,但还认为是亏本了。"

"如果和这样经济观念不同的人们来做贸易,日本人相对要弱一些。如果从结果来看的话,有一定的心理因素,谁都不希望在实际的贸易中亏损,然而日本人在具体的贸易中缺乏魄力,显得有些害羞。"

"这样,肯定要亏本的。然而日本人不管遇上什么样的事,都是如此。"

这种由于民族的不同而导致的价值观念的不同,究竟是来自哪里呢?我想起了曾经听到的关于中国人与此类似的思考方式。中国人用1万元买的东西,数年以后,即使因为通货膨胀变成了1.5万元,而如果这个1万元的用品价格已变成了2万元,他会说亏了5000元;但是,日本人考虑的是纯粹赚了5000元。确实,如果公平来看的话,我觉得印度人和中国人的思考方式更适合作为商人的经济观念。

总之，像这样的价值观念的不同是造成对印度贸易的具体困难的重要因素，由此可以想象驻印度人员的辛苦。

实际上，给予派驻人员的条件非常有限，他们在娱乐设施极少的情况下，在炎热的印度非常努力地工作，活跃在各行各业。其他的日本同胞也同样，给予了像我这样的留学生非常亲切的关心，在此我表示深深的感谢。当听说我要到热带丛林进行调查旅行时，有一位先生带来了药，有的先生送给我日本非常有名的虎屋茶点、日本罐头及其他包括尼瓦卡（酒的名字）等的一些礼物。而且，常常是我一回来通知他们，他们马上就给我接风洗尘、设宴款待。大家都是非常出众的绅士。

但是，如此这般的热情也容易引起其他的误解，这是生活在外国的日本人社会常有的事，这也是缺点。日本人总有寂寞之感，和当地人或外国人的交往采取一种消极的方式，不管怎样，倾向于关心日本人内部的事情。"亲切"可以说是日本人同伴之间互相帮助的一种美德，这好像和日本人的性格有着很大的关系。不只是在加尔各答，不管在什么地方，只要有旅居的日本人，日本人的社会常常是非常清楚的，他们定期聚会，在那里互相帮助、互相交换来自本国的各种各样的信息等；然而，与此同时,好像又有些无聊的现象,如互相叽咕、流言蜚语蔓延、对他人的事格外注意等。

如果你在饭店和电影院这样的地方两三次都看到相同的人——加尔各答外国人的活动半径,基本上能确定下来,就好像即使有70人的信息,也马上会进入你的脑海——那家伙近来过得不怎么样嘛!我去之前,在加尔各答的日本人中,有一位绅士可以说是公认的品行端正、助人为乐、最受欢迎的人,因为晚上外出危险,他有两三次借车给我,怪声怪气地说,都是日本人,没有什么客套可讲。如果是日本人的车在街上穿行,大家一眼看上去马上就会明白这是谁的车。那个很认真的也很风流的中年绅士难于言表地苦笑道:"实际上,说一些这样的琐事也好,如果没有什么可说的那还真是非常遗憾的事。"

有一位某银行的派驻人员对我说:"中根,做社会人类学的研究何必一定要去热带丛林那样的地方。我有一个想法,如果你做加尔各答的日本人社会的调查,我可以帮你很大的忙。"我听完她的话,笑得合不上嘴,转念一想这确实是社会人类学的问题。通过对处在不同环境下的日本人社会的行动方式、心理的变化、特异的人际关系的考察,一定能对日本人的某一方面做出非常好的研究。确实是太生动了,不过我的确没有那个勇气去研究。在加尔各答实际上待了一两周后,因我对热带丛林非常留恋，同时也很有必要去那里调查，于是我又踏上了旅程。

在夜总会

空调凉爽的风吹在肌肤上，心情非常爽快，我被Y邀请来到"马克沁"。这里是独立的印度人的印度，然而不管你到哪里（像这些地方），70%的客人是欧洲人。尽管不论在哪一个国家，其一流的夜总会都是以外国人为多，然而加尔各答的这种空气充满着浓厚的殖民地的气息。而且在英印混血种人的乐队中流行西方的曲调，一听这些，让人格外感到殖民地的凄凉和颓废。这些都是从欧洲不断地传过来的。尽管每个餐桌前人都是满满的，然而在昏暗的灯光下，快乐地度过今宵的人们，好像在加尔各答从来不曾有过。在这里度过时光的人真可谓千姿百态。一些英国人几乎在印度度过一生，在工作和享乐方面，掺杂着热带的孤独和凄凉，他们虽然生活在殖民地，但内心深处始终潜藏着无所畏惧的英国灵魂；也有一些为了在殖民地享乐、好像生来就有金发，已近中年但仍具有性感的女人；还有一些想必一定是从事于国际间的秘密事宜，并已取得丹麦和比利时这些欧洲小国家的国籍的男人；而且，那些刚愎自用的德国女人，似乎把德国人的光荣带到了印度似的；退役后成为银行职员似乎很通情达理的年轻的英国人与刚上年纪（50开外）非常有钱的英国寡妇；

来加尔各答游玩的阿萨姆茶园的经理和年轻人；现在还有一些品行不端的英印混血种的女人；常常以印度的财阀为商谈伙伴的德国买主；还有对意大利兴趣浓厚的法国的年轻旅行家，及印度的美术家。另外，还有那种头发、皮肤、眼睛呈浅黑色，性格非常奔放的年轻的英国女子。也有一些有名的女演员，常被溜须拍马的印度美男子围住，她们如同女王一般，带着醒目的黄金项链，穿着露出肩的深绿色的绢制纱丽。比起加尔各答的上流社会，这里有很多令人惊讶的地方，此时，一位时髦、娇艳的年轻夫人正和三个男人不断地碰着杯。

总之，这个具有强烈的欧洲味道的夜总会，带有一种热带殖民地颓废的感觉，这里并没有优雅的欧洲似的氛围，却有一种令人感到奇妙的忧愁和泥土的气息，这是因为有一种像海盗那样的欧洲精神与好像陷入很深的泥沼中的热带印度的古老文明中的污浊的东西交杂在一起的原因。所有的一切对于我这个日本人来说都是异国情调。印度对于日本人而言，就同欧洲的情形一样，它虽不是文化的尽头，但它是另外一个世界，不过，日本人和翘首期盼归国的欧洲人不同，他们等着不远的将来的归国命令和提升。在日本人中，如此颓废的面孔还没有。他们（日本人）说不上爱印度，也谈不上恨印度，他们只是外表漂亮的客人。在与自己的圈子完全不同的气氛中，度过这一夜晚，我还是非常高兴的。

我和 Y 很久没有见面,此次邂逅,不时地碰杯交谈,一边听着华尔兹一边吃饭。在热带丛林中只能吃到鹿肉的我,陶道伊斯汤、土豆烤牛排等真是好吃极了。

"真有意思,和 Y 在一起常常很有食欲。"

这完全是事实。

"偶尔吃得很饱已不能再吃时,他们也会劝我还是再吃一些吧。"

和年轻的小 Y 在一起我没有一点谈恋爱的感觉,这或许会令人失望的。

实际上,在这个变化激烈的热带,谁还能有情绪来谈恋情呢?在爱欲之地孟加拉很适合进入爱情的角色,然而在那里除了被理性所强烈支配的友情的持续外,完全没有可能建立起那种男女之间的关系。在被原色(很强的颜色)所映照的强烈的酷热下,人类的堕落、聪明和极限完全暴露无遗。在甘地和尼赫鲁出现的同时,也有一些臭名昭著的人物出现在舞台上。人类的聪明和强壮对于在印度生存显得是多么的重要,这是在条件优越的日本怎么也想象不到的。如在我的朋友中,有一位德国女士,她为了研究的目的,来到了印度,然而最终陷入了不能自拔的泥潭之中,像这种年轻的外国女性的悲剧,在加尔各答比比

三 加尔各答

皆是。

小Y对我的研究了解与否,是另外的问题。他把餐叉放下,说道:"我很向往喜马拉雅,但我很难理解没有钱的那种心情。"

接着他又和我谈到:"像我们这些亲自经历了收购铁矿石和废金属、赚钱、进行贸易等一些具体的事宜后,真正感受到生存的意义的人,具有了非常现实、强劲的男子气质。我的工作常常被吹毛求疵,甚至被别人挖苦,每天还要被不守信用的玛郎瓦里商人欺骗,常常要赶去取从总公司接连不断发来的电报,这些电报指导我们在外的事情,这些工作令我非常地劳神。所以和你在一起交谈,确实非常高兴啊!"尽管我极力地向他说明喜马拉雅的伟大、令人陶醉的美、非常有意思的研究等,最终,他也没有和我谈论这一话题,并不断地说,不管遇到怎样的事情,都要非常诚心地尽最大努力把工作做好,这对我们来说是非常重要的。对于这些他也希望我能够理解。

演出开始的信号亮起,坐席暗了下来,舞台上的蓝色灯光一照,与阿拉伯的音乐协调在一起,漂亮的小姐在上面跳埃及舞蹈,她们戴着上有蜡烛台的帽子,前胸用金色的饰物所装饰,猛烈地抖动身体,同时她们的腰也是用黄金包起来的,裸露的、洁白的、纤细的双脚,透过薄绢,来回摆动,在音乐高潮到来的同时,渐渐地,她们的所有的筋肉就如同泛起的涟漪此起彼伏,跳舞的动作也剧烈起来。在这些舞女的长长的黑发飘起之时，散发出一种非常性感的、遥远的埃及的气息。也令人联想到埃及绘画中那种非常具有魅力的神秘的笑脸。我此时深深地感到，与健康的未开化人在一起生活了一段时间后我的那种疲劳，在文明颓废的气氛下，从心理上有一种完全消除的感觉。

跳到最后一曲时，我们来到外边，感到加尔各答的深夜，有一种热带的闷热之感。在人行道上，贫穷的人们的身体又瘦又黑，横卧在那里。汽车的马达启动后，我们去了胡格里河岸。那里停泊着的船上的灯光投射到水中，折射出破碎的光泽。那边是伊朗的船，这是荷兰的船，那边一定是美国的船，日本的船还在较远的对面。我的思绪此时被连接印度东西的恒河所带动。令人爽快的夜风从我的脸上轻轻吹过。静静的恒河不管你什么时候看她，都会令你心情恬静，感到她的悠久和伟大。英国人走了，那么日印的贸易该怎么样呢？不管这些如何，恒河水仍在不断地自由自在地流去。

生活在"悠久"中的印度人

待在印度的外国人不管是谁，都有一种苦不堪言的共同的体验，和印度人在一起，根本谈不上时间观念。和印度人约好"明天几点在什么地方见面吧"，如果按照这个时间希望对方来的话,这是几乎不可能的,迟到30分钟、1个小时是正常的,糟糕的时候,要迟到5个小时或者10个小时,最糟糕的是一点音信也没有,最终还是没来。

这令我想起了在边境的一个小镇上,一位最具实力的官员招待我时的事情。他和我约好下午三点开车来宿舍接我,结果,到了黄昏时节他还没有出现。我住的地方离小镇开车有1小时的距离,没有电话,也没有其他的交通工具,我和他也联系不上,我就这样心里七上八下地等着。说好三点钟,到六点钟还没有来,这种事情,即使对一般的印度人而言,也是非常过头的事情,何况他还是一位"很有名望"的高官。过了七点还没来,我想他可能会改日再来,我就开始吩咐厨师准备做饭,归整了一下,就开始了工作。料想他也不会来招待我了,心里也就踏实起来,结果八点左右的时候,突然传来了吉普车的声音,他还真的来了。他笑眯眯地、一点也没有因来晚而道歉的意思,还说着:"哎,我来了!"我非常生气地说道:"为什么这么晚才来?不是约好三点吗?你看,现在是几点了?"而他却出乎预料地说:"怎么,由于等人就发这么大的脾气!等不是比什么都快乐的事情吗?如果按时到了,那各种想象之类的快乐不就没有了吗?事物运行的逻辑,如果这样就可以解决的话,何必再谈别的呢!所以,等这件事本身确实是非常好的事情。为什么我不认为让你等是坏事呢？因为我也在焦急地等妻子、朋友和你，大家同时都在等。"

相反，让印度人等的话，他们决不会生气。我有一次乘车从加尔各答去一个小镇上的一位朋友处，我在这里乘几点的公共汽车什么时候能到，在车站都写着，我依此给朋友发了信，告诉她们我某某日下午两点左右到达。这样，我按照计划当天从加尔各答出发，结果来晚了，乘上了比预定的公共汽车晚了三个小时的车，此外，中途这辆公共汽车又抛锚了，到了这位朋友待的小镇的停车处，已是晚上十点。从公共汽车的窗口上看着我的她，非常高兴地来迎接我，我从她的佣人那里得知，她从两点开始，一直等到我晚上十点钟到达。她也没提怎么来得这么晚。再次见到我她非常高兴，兴冲冲地给我准备好了晚饭。这时，我深深地感到，印度人的心胸是如此的宽阔，狭隘的自己已完全被这充满暖意的热情所包围。

我在印度的三年中，几乎都在旅行，但我没有一次看到汽车是按时刻表上的时间到的。甚至一些快车晚 10 个小时也是非常正常的事情，即使去晚了，每次也都能赶上火车。另外，如果错过了原定时间的车也不用担心，只要跑到车站，肯定有印度的汽车在那里等你。不只是汽车，即使是飞机也常常晚点，由于我在印度生活了三年，我以在印度的这种习惯在欧洲和日本乘飞

三 加尔各答

机,结果都误了机。在伦敦我准备乘阿姆斯特丹的飞机,只因联系的汽车晚了5分钟,错过了飞机;返回日本时,又以2分钟之差,延误了回程,细想起来,还是很留恋印度的。

即使在时间散漫的印度,为什么汽车超出了常理来得如此之晚,可以举出各种各样的理由,不过,不论是什么,有一点是非常重要的,那就是,比起时间来,人类是优先的。很少的干线——例如除去从加尔各答到德里、孟买、马道拉斯的列车外,几乎在所有的劳卡线上,只要有一位等车的旅客,即使是特快列车通过的站,也能自由地停下来,而且停车时能把5分钟延长到1小时30分。为了等像这些按着时间没有来的列车我不得不在车站待到天亮,相反,我也曾经体验过印度的这些特权。

这还是我从高哈泰依乘经过依姆戴恩去西鲁卡鲁阿沙姆的铁路快速列车时的事情。我的目的是去卡恰丽族的地方做调查,这趟列车通过这一山岳地带的低地,我就想在离卡恰丽族居住地最近的地方下车。从地图中得知,这附近有一个叫做"黑鲁哈夫隆"的车站。我在高哈泰车站等了6个小时后,终于坐上了去西鲁卡鲁的一等列车,一到了依姆戴恩车站,我就叫住了列车向导,告诉他我想在黑鲁哈夫隆下车,希望列车能停一下。这个列车向导恭恭敬敬地对我说:"明白了,为了您,列车特意在黑鲁哈夫隆停车10分钟。"

而且到达的时间据说是晚上两点左右，从列车的最后一节车厢下车。

我从十点开始心里就很不踏实，迷迷糊糊地打着盹儿。列车突然停下了，不过，我好像刚睡醒似的。再一看表，已是两点差十分，我想这大概就是黑鲁哈夫隆，打开窗口一看，在黑暗中眼前只有外面的景致和列车。从车窗探出身子往后面一看，只能看到两个小灯。我心里正嘀咕着，这时喀嗒喀嗒的皮鞋的声音渐渐地离我越来越近，正好在我的包厢前停了下来。啪啪啪地发出很大声音地敲着我包厢的门，我开了锁，打开了门（印度的火车上的包厢没有走廊），刚才的那位向导从我坐的软卧车厢的门缝里对我说："黑鲁哈夫隆到了，请下车吧！"我看着无法想像的堆积如山的探险用的行李，不由地说道："这么多行李该怎么办呢！"心里直嘀咕。向导马上说道："没关系，有专门帮你拿行李的人，请稍等一下。"于是他又喀嗒喀嗒以相同的步调向站台的最后面有灯的地方走去。等了约5分钟左右，三个裹着围巾、赤着脚的脚夫，跟着向导睡眼惺忪地走了过来。脚夫们每个人都很娴熟地头上顶着满满的行李，我沿着很长的站台顺着列车，尾随于他们之后。

到了有灯的地方，在那里有一个玻璃窗很多的小接待室，与其并排的可能就是站长室。向导啪啪啪地敲着站长室,并大声喊着"第一等级的女士乘客",他的这一声大喊打破了宁静的夜空。不一会儿,被从睡梦中惊醒、头发还乱糟糟的站长一边穿着黑色的制服一边走了出来。说着蹩脚的英语——我深深地感到已来到了边境的车站,然后他又说自己负责站长的事宜,让我告诉他我需要关照的地方(包括我的意图)。他打开接待室的门,里面乱七八糟,站长让里面的人赶快出去。在昏暗的灯光下,仔细一看,里面有十来个贫穷的印度人紧紧地裹着披巾,蹲在各个地方,等着下一趟慢车。

听到站长的喊声后,他们圈着身子蠕动着向外走去。阿萨姆冬天的深夜特别寒冷。我看到在这么冷的天气,只是因为我一个人而让这么多人到外面去,感到很吃惊,脱口正想说:"请别动,就这样待着!"但马上意识到这里是印度。在印度妇女和男人绝不允许同席而坐。而且站长对接待最高的一等车的旅客必须要非常郑重地安排,这都是规矩。我到了嘴边的话又咽了回去。人们都去站台后,脚夫把我的行李拿了进去。站长听了我的行程后说:"明天先去黑鲁哈夫隆,从这里出发,现在因为是深夜,没有去黑鲁哈夫隆的脚夫,等到明天一大早出发吧!请在接待室的里面那个大桌子上铺上卧具休息吧!"我拿出了睡袋,铺在了上面,都准备好后,站长马上仔细地检查窗户和门,并用蹩脚的英语说道："喂，你是非常安全的，请安心睡到明天早上吧！"随后，他把手搭在了门上。这时向导恭恭敬敬地来到我的跟前，敬着礼说道："那么，列车这就要出发了！"不一会儿列车就开始动了起来。说是在这里等10分钟，实际上足有20分钟。列车的声音渐渐地远去了，这里又恢复了一片寂静。我此时没有事情可做，就在地图上找所到的这个山岳地带的山谷小站。能看到看上去人非常好的那位说着蹩脚英语的站长，我就非常安心了，印度火车的那种热情确实令人惊叹不已，不过，看着如此发出微弱光的煤油灯，渐渐地把我带入梦乡。

在我的记忆中停车时间最长的，是我和印度学者一起去参加在比哈鲁邦的劳哈鲁达嘎召开的有关未开化民族福利会议途中的事情。经过拉齐车站时，我们这一行中的一位提议，在下一个车站的附近，有一个旅馆，在那里吃早饭，大家一同赞成，一到车站我们就一个跟一个地下了车——当然我们也没有忘记叫列车长——走了约两三分钟就到了旅馆。我马上想到如果在这里简单地吃些早饭后，一起在酒吧聊聊天就好了。这个旅馆一眼看上去，就是一个非常好的旅馆，里面有各种各样的设备，在旅馆里洗个澡，在院子里散散步，不是非常惬意吗？准备就绪后，旅馆的经理过来请我们上座。

三 加尔各答

我进食堂一看，在餐桌上铺着西式的洁白的台布，上面摆着非常多的饮料、牛奶、玉米片、烤面包片、面包、果酱、火腿等，烧鸡等也都准备好了。在饭桌上集中了印度各地的学者、官吏、知事等，我们对各个地方的消息、未开化民族的对策和人类学诸问题等进行评价并展开了热烈的讨论。很长时间的早饭快要结束的时候，列车长心神不定地说道："是否一起乘车吧？"结果，来的学者不约而同地说道："还是慢慢地喝茶吧！"加上了一些红茶后，大家又开始海阔天空地谈了起来。在这个静静的高原的秋天，院子里的各种各样的花草在上午阳光的沐浴下，可谓百花盛开。在饭后的一番畅谈之后，大家好像才想到该坐火车了。在这个鸦雀无声的田野车站，长长的列车好像什么事也没有在那里静静地等着。如果在日本，我们这一群人一定会被等在车上的旅客揍一顿。不可思议的是他们一点都没有非难的表情，非常舒适愉快地打发着自己的时间。实际上，印度的人们不管怎样等，都不会生气。这是因为他们是在超越时间的前提下生活着的。

在印度旅行，如果你看过印度人做事，你马上会明白，他们具有完全不同的"时"的价值观。我们说"时"和"时间"的场合，是指人类创造的"时计"的时，就是时间，而对印度人来说，是指宇宙的时。我对此印象最深的是去圣地白那来斯访问时的事情。白那来斯是印度的面临恒河的最大的圣地之一，在恒河的北岸矗立着整齐的印度教寺庙，其中，有一个非常有名的火葬场，在靠近水的地方每天从早到晚不断地在火化尸体（在这个圣地进行火葬对印度人来说是无上快乐的事），从寺院里不时地传来勤行（法事）的声音，周围烟雾缭绕，火葬后的骨灰全部被扔到神圣的恒河中。晚上远远望去，一幅场景尽收眼底，一艘艘轻舟在恒河上荡来荡去，让人回到悠久的逝去的记忆之中，深深感到人生的无常，好像与庄严的宇宙理念有一种难以言表的心心相印之处。

印度的人们没有诸如5分、10分、1小时、1日等这样的时间观念，代替它的是被恒河所象征的所谓的"悠久"的时的观念。因此，说印度人没有时的观念是错误的。只是他们的时的观念与量度单位的时的价值观不同。这可能就是印度哲学的最高境界"梵"的思想。印度的哲学是非常特别地以个人为中心的，把自己和宇宙的问题置于同一中心之中，这样，所谓的时计的时间并不具有任何价值，这是显而易见的。时计的时间说到底，是人类和人类之间必要的东西。在未开化民族中，并没有"悠久"的观念。尽管在印度不遵守时间和不按时赴约，一点也不被认为是坏事，但是，在未开化民族中，这些则被视为是件坏事。而遵

三 加尔各答

守时间和按时赴约,像我们这样的价值观念在印度被视为是不成熟的表现。

在印度,哲学得到了非常充分的发展,而与此相对应的历史学却不发达,这可能要归结于这一"悠久"的观念。

有一次,我带有些埋怨的口气对加尔各答大学优秀的孟加拉文学专家说:"印度人从古代开始对于'时'完全不加以考虑,所以没有比印度史的研究更困难的了。在中国从公元前开始的记载,就有明确的年月日,而印度的记载完全忽视了年月日。这确实是令人头疼的事。"我的话音刚落,这位文学家即刻说道:"哎,你说的是什么呀,何必要拘泥于年月日呢!我们认为那些'时'没有什么价值,而且也不存在问题。所有人的生活和经营都融入这悠久的流水中,完全超越了所谓的时间等范畴。我们难道不是即使在宇宙中也是少有的高贵的人类?"

把年月日放在心上的我们,完全被印度的价值观所蔑视。印度人说历史上的事情,其单位常常是"千年",这与我们"百年""十年"的标准有着天壤之别。在日常会话中,印度人说的"明天",你根本不知道是一个月后、一年后、十年后,还是永久的事。"明天"意味着无限的未来。过去是千年,三千年,甚至是悠久。撇开历史学或许就是高尚的事情。和他们相比,我们不正是被时间追赶的时间的奴隶吗?

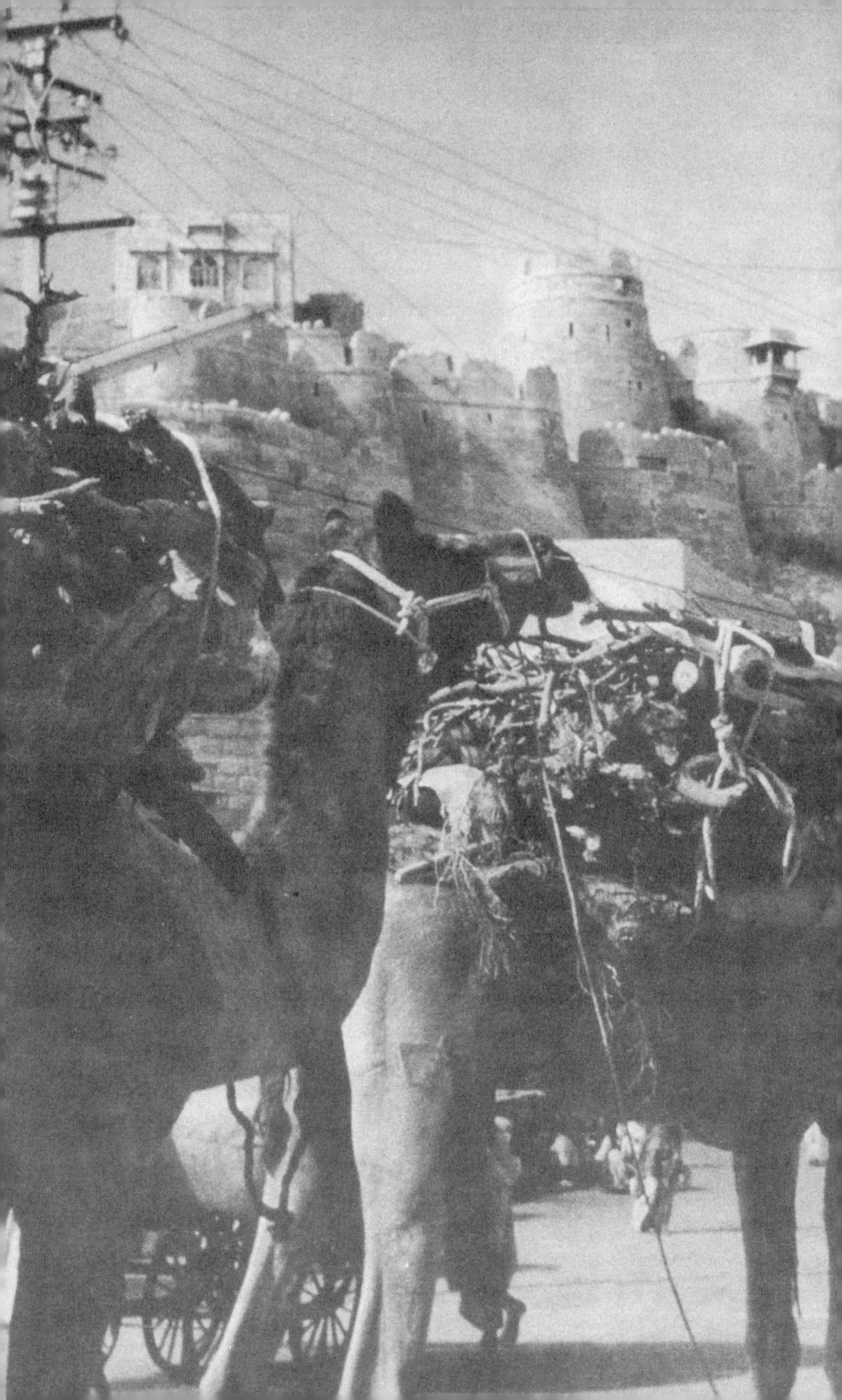

在印度拉贾斯坦邦的西边、被称为沙漠之都的贾依萨鲁麦鲁，城门附近非常热闹繁华。我常常为这一具有悠久历史的边境城市的繁华所吸引。

另外,特别是日本人已成为时间的奴隶,像这样非常忙碌特别放不开的民族还是很多啊！让人等是最讨厌的人(尽管是晚来一会儿)。我在国外生活了四年后,回国后初次乘公共汽车时,当司机说"现在是停车信号,请稍等一下"时,我觉得非常可笑,忍不住笑出声来。连两三分钟都不能忍耐的日本人,如果电车晚来上五分钟左右,就开始七嘴八舌埋怨起来,像站台上性情急躁的日本人的这种行为,必须停止！在印度即使火车晚了两个小时,也没有广播通知。去站长那儿一打听,才知道晚了两个小时。然而,或许还会晚到五个小时。在印度,我有一次由于时间很紧张,急急忙忙地去办公室,在街上小跑起来,印度人以为发生了什么事情,用吃惊的目光看着我。搞得我很不好意思,赶快停了下来,最终还是慢慢地走到办公室。

像在东京的涩谷和有乐町这一类地方,不管从哪个电车站下来,都能看到很多等人的人们。大家都显出一幅"现在还不来"、"现在还不来"的非常难受的表情,来来回回在检票口看着一个个地走出来的人。这种眼神确实只有日本人才有。不只是印度,即使像罗马、巴黎、伦敦等地,等人的人脸上都显现出一幅非常优雅的表情。第三者是不会知道哪个是等人的人,他们只是自己在充分地享受等的时间。我的一位意大利朋友等人的样子非常吸引人,一点都没有焦急的样子,把等的时间作为自己的

三 加尔各答

事情,感到很愉快。

即使在忙碌的欧洲,人们也是把时间的意识非常清楚地分为必要和不必要。日本人的那种胡乱着急的样子,实在是没有必要。即使急着先走,还想要得好处,不过像这种急着先走,还想要得好处的做法真有些像采访记者。实际上,日本人并不清楚自己的弱点和优点,不过,他们把"着急"的性质百分之百得以灵活应用为日本的新闻报道的神速上。我曾经和印度的新闻记者(有代表性的英文报纸)在喜马拉雅邂逅,他把写好的报道和照片按照预定的计划,一周后才寄到德里,进而两周以后才在报纸上登出,这令我非常惊讶。同时,读者对新的消息也不敏感。我在噶伦堡时,我的别墅的附近的三座别墅来了印度人,他们把我的报纸拿走,从第二天开始每隔一天转一座别墅,轮流阅读。他们拥有五个佣人,生活非常富足,对他们而言,尽管他们对于世界上发生的事情晚知道两三天,但他们认为和我们没有什么不同,所以,能心安理得地(很平静)看着我的旧报纸。这绝不是对世界形势不关心。新闻即使知道得晚一些,对于世界上发生的事情,至少在知识分子阶层,常常都会和妻子及家里人交换一些意见,并且很有见解。这虽然是极端的例子,但仅仅为了抢一两个小时早些报道,对我们来说未必有必要。

在这里稍微岔开一下话题，即印度人说到底可以说是自我中心的。他们让时间和年月日符合自己，反对让自己去符合它们，并且绝对保持维护自己的根基。由于大家都是这样，所以，即使他人与自己的秉性不合，也不会生气。实际上，没有人像印度人那样很少发脾气。即使违约，以及不按照时间做完事情之类，这在印度的社会中是被认可的。

印度人的这种特性，一方面有其自然形成的合理性，但另一方面，它也带来了诸多的负面影响。这主要表现在如下几个方面，工作效率低下，实践能力消极，现代社会中的人际关系不协调、经营能力欠缺等，特别是在激烈变化的19世纪以后，成为现代世界经济的很大的弱点，成为印度（社会和经济）停滞、落后的症结所在。在我看来，印度的这种落后性，不能仅仅归结为英国殖民地的原因，还有其更深的原因，在这个意义上，英国对印度的统治，一方面给印度带来诸多的弊端，另一方面，不用说，也为印度的开发做出了贡献。独立后的印度，在很多方面还是要依赖于这些英国人留下的设施等，例如，贯通整个印度的铁路网、道路网如此发达，如果没有英国人的话，这是不可能的。印度的知识分子对此也非常认可。他们有时也和我谈起此事，认为就是因为自己的同胞没有效率，才给自己带来很多弊端，并进一步说道："英国人绝不是这样做事的。""英国人在的时候，这些事做得很好!"因为印度人自身是这样,所以我刚开始去印度的时候,和印度人在一起工作,遇到过很多令人焦急、令人生气的事情。

写到这儿,我想起了和印度的一个调查团同行的事。从热带丛林的一个地方要去另一个调查点的一天早上,尽管已经做好了出发的准备,然而人们没有骑象走的意思。大家在象的前面,频频地品头论足。仔细一听,原来大家在评论为我们准备好的那五六头象的美丑。我从来也没有想过象的美丑之类的问题,听他们的评论,很是惊讶,他们在那儿说,这个象的屁股和脚太胖了、太长了,那个正适中,耳朵的大小、鼻子的样子、头的形状等,都有各自的特征,都有丑和美的地方。就因此,我们晚出发了30分钟。所有的事情都是这种节奏,延误工作的事情超出我的想象。

那一天的行走非常困难,我们在途中一过河,从象上下来,换上水牛车,在颠簸的道路上艰难地行进。最后等牛车到达目的地时,已是晚上八点钟。在热带丛林中,我们住的地方、吃的东西这时才开始准备。在灯光下,开始支帐篷、拿出行李里面的粮食和厨房用具,必须要去一公里外的河里打水。调查队员有八个人,带来的五个佣人和五个脚夫在做饭、收拾睡觉的地方,确实很辛苦。我的肚子里空空荡荡的，耐着性子等着，心里非常焦急，到底怎么办好呢？年轻的考察队员也在卖力地拆卸行李，同时指挥着佣人和脚夫，然而，大家都慢腾腾地，究竟什么时候能工作，还不清楚。两三个队员来到我这里，告诉我因为头儿糊里糊涂，才搞成现在这个糟糕的样子，我也对这位头儿一点都没有计划性抱怨了一下。这时，我突然抬头一看，堆积如山的行李被放在一边，头儿和四五个队员在大树下围着油灯，非常游哉地在海阔天空地奢谈。已经这么晚了，还在清谈，真令人气愤，但又没有办法。凑近一听头儿的谈话，原来他们在高谈印度的雕刻之类。他们越谈越有兴致，其中谈到圣地白那来斯时，头儿谈到了在白那来斯鲜为人知的神秘而又黑暗的迷途。我也的确被吸引了过去，完全忘记了在热带丛林之中。

当听到佣人喊"萨哈卜"的声音后，抬头一看，我们的帐篷不知什么时候已经搭好，还有人给我们送来了加牛奶的甜红茶，大家终于在一起吃上了咖喱饭。再一看表，已快到晚上12点了。

如果是英国人，他们会一边非常麻利地同时又夹杂着幽默地干活，一边娴熟地指挥着人们，自己也一起干，估计一个小时之后大家就会心情非常舒畅地在帐篷里吃上饭。如果是日本人，在晚上这种有些凄凉的气氛下，他们会和佣人一起拆卸行李、一起打立帐篷的桩子，吃饭的时候已是筋疲力尽。这个时候,其他的事情根本不会考虑,完全不可能想到奈良的弥勒佛和京都的东西来。幽默的一个功能,虽然是希望让别人来笑的,究竟能不能笑出来就很难说了。

我在这个时候,尽管也责怪头儿没有计划性、效率低下的工作作风,然而印度人不正是具有这种难得的悠闲的心境吗!而且,我深深感到印度人教养的深奥,关键在于他们有一种不被时

在结婚仪式上,新郎和新娘订婚约之前,新娘的兄长一直守在新娘身边。在印度,兄弟与姐妹的感情特别深,即使婚后,兄弟也非常关心自己的姐妹(摄于1977年12月)。

间所支配的开阔胸襟。有几次这样的经验之后，我们就不会笼统地责备印度人没有效率。尽管我们常常说，印度是落后国家、停滞不前的国家，然而，对于被卷入19世纪以来的世界的政治、经济之中、搞得筋疲力尽的20世纪的我们来说，印度的"悠久"本身培植了印度的智慧，让人切实感受到好像能给人一种精神上的恬静和救助。印度文明的伟大不仅仅停留在古代，同时，它也连续不断地注入到了现代的印度社会中。那些日本人在接受悲惨的战争审判时，有一个人指出了现在生存的人类的愚蠢性，并主张在战胜国的判决中，日本方面无罪，这一毫不隐讳求刑的人，正是印度的帕鲁检查官。日本的旅行者和待在印度的日本人曾说过，就是在相同的土壤上，培养出了尼赫鲁和甘地这样的伟人，同时也出现了贫穷和没有效率的现象。印度不管怎样，具有悠久的文明和历史的养料，根本不必担心他们会忘记这一丰富的土壤。

四 斯德哥尔摩

所谓生活水平的提高

一提到斯德哥尔摩,就令人马上联想到如同在海底中那样寂静的、水晶般的街道。第二次世界大战时,全世界大多数国家都卷入了战争的旋涡,许多国家因为战争失去了很多同胞,留下了难以弥合的创伤,而瑞典是少数几个没有卷入战争的国家之一。当很多受战争影响的国家正在摸索面向未来的发展道路时,没有受到战争的损害、受惠于丰厚的自然资源的瑞典首都斯德哥尔摩,有机地结合利用福利国家的政策,在今天取得了惊人的现代化水平,人们的生活水平也得以大大提高。这对于一个从遭受战争破坏、资源匮乏、具有惊人的人口密度的贫困的东亚孤岛来的访客来说,简直是一个另外的世界。站在斯德哥尔摩的街道上,在感慨北欧的白昼的同时,我思绪万千,如果千里迢迢来到这里生活和工作该有多好呀!同样都是这个世界上的人，为什么我没有生在这样一个如此高度发达、非常舒适的生活水平极高的国家呢？

金色头发、高大身材的人们，不时地在街上走过。他们穿着英国制的质量非常好的、时髦的羊毛制服，白色的肌肤给人一种似乎透明的感觉，而他们的眼睛又非常地温柔而充满水气。令人注目的漂亮小姐在这里比比皆是，尽管说不上是美人脸，但确实是美人之国，这就是瑞典。如果把这里和东京相比较的话，即使是最喧闹的库恩古斯·嘎塔恩，人也显得很少。自家车很多，没有停车场的人们也大发牢骚，不过，路上跑的车的数量却一直很少，另外，在数量上，好像也在慢慢减少。市营电车虽也从街区通过，但一点也没有吵闹的感觉。乘电车时，从后门上车，从前门下车，已成为规矩，快下车时，大家一点一点地移到前面。大家几乎都不说话，坐着的人在悠闲自得地看着报纸上的纵横字谜。快到下一个站的时候，司机通过麦克风用很低的声音告诉报出站名，如"库恩古斯·嘎塔恩站到了"，像这样，司机虽只报一次站名，但他的音调显得非常柔和，充满韵律。因为车内和车外都很安静，乘客都听得非常清楚。而东京的电车却与此完全不同。司机常常拉开嗓门喊着："下一站是神保町，请大家注意不要忘记自己的东西。神保町、神保町到了。"乘客们挤挤攘攘地开始下车。

四　斯德哥尔摩

　　这只是一个例子,不过,斯德哥尔摩的人如果和东京的人相比的话,更为不同的是潇洒。如果把斯德哥尔摩的人来和其他国家首都如伦敦、巴黎、东京、加尔各答等的人比较的话,这里的人好像一点也没有给人很"滑"的感觉。更令你惊讶的是这里的人之好、之热情,就好像乡村里的人留给你的感觉那样。街道也好,人也好,整体上节奏很慢。有一位瑞典的朋友来东京乘出租车时,那种速度和驾驶的方式,令他胆战心惊,并说道:"怎么能这样开车呢?像这样开车,真好像世界末日到了!"

　　他们和欧洲其他各国的人有一些不同的地方,那就是,因为他们没有殖民地特别是东方的殖民地的经验,很少见东方人,因此感到很新鲜。我一去商店买东西,很多在场的人都把好奇的又充满善意的目光投射到我的身上,在众目睽睽之下,我觉得很不好意思,常常连东西也没买就赶快离开了商店。据说在瑞典人看来,肤色很深、黑头发的日本和印度的男子,很有魅力。当我去一个瑞典人家里做客时,他们的披有一头金发、非常可爱的小女儿最渴望的是要一个黑种人的洋娃娃。这使我想起,我小时候,最喜欢的是披有金发、蓝眼睛的洋娃娃。看来追求自己没有的东西、离自己远的东西,这是人类的天性。

　　生活水准的高低,一般一看人们穿的衣服的好坏马上就能明白,即使是从买一瓶牛奶也可略见一斑。这里的牛奶是日本牛奶价格的五倍以上，不过确实是意想不到的好喝。我到斯德哥尔摩不久，午饭想简单地对付一下，就来到自助餐厅，以自助的方式夹了三块三明治，又要了一杯咖啡，一算账500日元。虽说三明治在瑞典不是从两边用面包夹在中间，与俄罗斯的杂库斯卡很类似，也有各种各样的种类，在切得很薄的面包上放上诸如香肠、火腿、虾等各种各样的东西，和生菜、色拉酱一起吃，非常好吃，这叫"斯麦鲁告斯"。所以这和简单的英国式三明治有着很大的不同，应该说具有较高的水平。但这样的做法，一点也不便宜，这也是个大问题。"斯麦鲁告斯"是简单方便的午饭选择，但这样的话，生活水准就变得很高了。

关于住宅，基于经过严格细致计算过的都市计划，斯德哥尔摩及其周围正在建很多非常漂亮的公寓。在我看来，正在建起的一些建筑是只有时尚的斯德哥尔摩人才能想到的设计，这是和东京的那种混合性（如一楼为办公室，二楼是住宅）的住宅建筑完全不同的现代的公寓式住宅，它似乎象征着斯德哥尔摩的财富。

对于像这样具有如此魅力的现代文明，我也并不为之倾倒。不过，在斯德哥尔摩，我特别喜欢的是被称为"戈姆拉修塔套"的古老的城镇，它面临麦拉棱湖和萨鲁特峡湾。可以说这里就像巴黎一样，而且其场景就像巴黎圣母院的场景。被现代公寓和高楼大厦所充塞的街区,与其说散发着人类的气息,还不如说弥漫着冷冷清清的工业文明的气息,然而,在这里能心安理得地嗅到中世纪以来人类的生活气息。决定诺贝尔奖(和平奖除外)的有名的瑞典科学院就在戈姆拉修塔套这个古镇上。晚上,从这一科学院附近,心平气和地散步时,在石头砌成的狭窄的小路上的拐角处悬挂着非常古式的提灯,让人感到这是个欧洲味道十足的城镇。在加尔各答我曾经拜访过的、竭尽全力给我争取到艾林沃戈纳奖学金(Elin Wayner Foundation)并获得斯他林奖的著名的安道丽恩女士的住宅就在这一带。

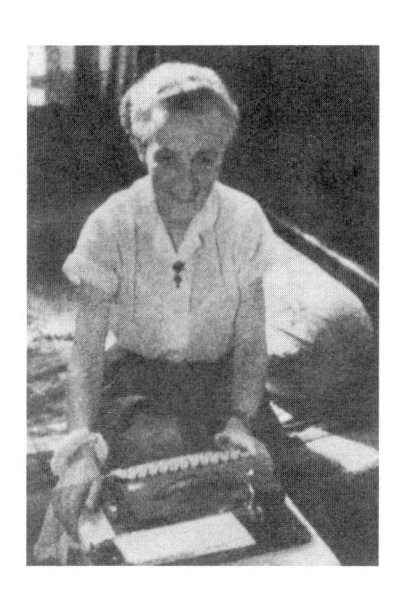

安道丽恩女士(Andrea Andreen)(1888—1972)

有一天晚上，承蒙安道丽恩女士的邀请，我前去她家中做客。在客厅里我见到了一对来自美国的从事社会福利事业的夫妇，一位来自印度的女留学生，最近从美国回国的安道丽恩女士妹妹以及一位女建筑学家。我们在一起，一边喝着开胃酒，一边以这位已有银发的年长的富有魅力的安道丽恩女士为中心，谈着各种各样的亲切而又热烈的话题。我们以那位美国夫人最近出版的一本书，开始了热情洋溢的话题。尽管我很马虎已忘记了那本书的名字和作者，不过这本书主要是讲如下的内容，即现在的人类不断向高度的文明发展，其中，在美国和瑞典已经实现了很多。愉快舒适的生活是现代文明的最高目标，人类希望全部地实现这些高标准的生活。然而，以印度、非洲为代表以及东方的（主要指中国、东南亚、日本、朝鲜等国）欠发达国家还处于非常落后的生活状态。美国和瑞典要尽可能地援助这些欠发达国家，必须把他们的生活水准提高到和我们一样的水平。人类的理想实现之道，就在这里。

这位美国夫人，把这本书中的个人的观点和内容，非常自信地、热情地、毫无保留地娓娓道来。我漫不经心地听着她这些单纯的想法。快要吃饭时，我们也就搁下了这个话题，一同站在餐厅里。这时安道丽恩女士轻轻地过来对我说："我不那样认为！"非常清楚地表达她不赞成这一观点，我完全同意这一很干脆的

四 斯德哥尔摩

想法,并说道:"人类的生活、历史并不是那么简单就能决定的。"安道丽恩女士想了一下,低声说道:"对于人类而言,什么都很重要,更重要的是应该怎样思考问题。"

我们很高兴地吃着凉菜,当汤上来的时候,这位美国人说道:"安道丽恩博士,听说你在印度生活过。怎么样?据说那是一个非常糟糕的地方。"

我不由地看了一下那位印度女性。她把漂亮的黑发以特别好的形状束在脑后,轮廓鲜明的脸庞一点也没有凌乱的感觉,纱丽紧贴着丰满的前胸,她正喝着汤,听着人们对印度的评价,显得非常自然、沉着,这时我才放下心来。安道丽恩女士马上说道:"是那样!我第一次去印度时,想该怎么办呢?我特别想去印度的农村,不过,怎么才能进入印度的生活呢?正在想这些问题的时候,我遇上了中根小姐!"

说到这儿,她把手放在了紧靠着她的我的肩上,她的眼神好像又把我们带回到炎热的加尔各答的往事之中。实际上,在那个时候,我正好刚从阿萨姆的热带丛林中回来,满是泥和汗的旅行服和行李把房间堆得满满的。

安道丽恩女士接着说道:"所以我想向中根小姐了解,到印度的腹地旅行需要做哪些准备。当时,中根小姐是这样说的:'要去的话,没问题,带上翻译、向导和搬行李的人就可以了。什么也不用做。'于是,我也开始有了勇气,就按照她说的去做了。结果怎么样呢?确实像中根说的那样。"

安道丽恩女士所去的地方,虽然不是未开化民族的地方,但却是远离20世纪的印度的农村,她为了了解著名的比瑙巴吉运动(土地捐献运动,让地主捐献土地,来帮助贫穷的农民),和农民在一起生活了一个月左右。关于那里的状况,这位美国人曾经听到过。她插话道:"不过,那里吃的不是非常糟糕的东西吗?而且,住的就像是家畜小屋那样的很脏的地方,在木头床上睡觉,这会令人非常痛苦和不堪忍受吧!"

"不,与此相反。我非常地快乐,大家都是非常好的人。"我也补充道:"是那样,印度在某种意义上,具有非常优秀的东西,并不像在欧美的文明社会中所想象的那样!"

这位美国人对于这个世界居然有这种不可思议的事情,表现出一副不相信的样子。接着,转过话题,谈到最近的美国、苏联的政治家的做法,取得了很大的进展。

所谓的"把生活水准提高、把日子过得更好",这不仅是这一对美国夫妇的信条,现在几乎是全世界所有人所持的信条,现在人们还存在着程度上的差别,还要不断地向着这个目标努力。在日本,人们最近对电动洗衣机、电冰箱、电视异常地热衷。与印度教徒和传教士的家庭不同的未开化民族,对于铝锅和铝制的器皿的关心,就如同我们对电视的关心一样地强。在印度和阿拉伯边境的农村,只有一只脚的木头椅子在家庭财产的器具中,是最常被夸耀的东西。住在古罗马五层楼上的人们,憧憬着现代公寓中的电梯。

而我所到的瑞典的情况怎样呢?例如一家四人住在五间钢筋制成的现代公寓里(如果在日本,属于最高级的一类),过着自由自在的生活,这是日本人平均所得的五倍。我在斯德哥尔摩的郊外,曾经拜访过这样的家庭。那家的丈夫对我说:"我们很贫穷……"我感到很惊奇,到底什么才是贫穷呢?我就问了一下。他答道:"实际上,我们很穷,主要是我们还买不起一辆汽车。因为我妻子在某公司工作。"在瑞典,有两辆以上私家车的人家很多。

一般的瑞典人现在的理想是自由自在地住在舒适的公寓里,有自己的汽车,休息的时候能够去意大利旅行。去意大利旅行的愿望就好像日本人希望能看到电视一样。这令我不可思议。如果看这一家的生活水准的话,在日本至少相当于上流偏下的水平;从这样完善的公寓生活设施来看,在日本也只是为数很少的特殊人物才有。这是多么大的差别呀!依这家的先生所言,他有两个孩子(一个读高中,一个读初中),夫人又不在,所以非常困困。这种贫困的感觉,类似于日本在长屋(一栋分成许多户的房屋）生活的人。印度贫困的虽然是农民，但他们常常显示出一种非常高尚的人格（这从他们的脸上就能看出）。

我顿然深悟到，所谓的生活水准之高，享受物质生活的恩惠，是完全相对的，它只限于在一定的社会内部，已经消除了贫富差别，并不意味着人类的精神生活的提高。我发现从日本的或最有代表性的印度边境的贫穷，到瑞典的物质富裕的上升，是以撇开人类本身为代价的。生活水准提高，与此相应的人类的精神生活也在提高，如果是这种富裕，是容易领会的；然而，与此相反，随着生活水准的提高，人们对物质的追求的欲望变得更强，而精神生活变得非常贫乏，这难道不是很可怕的事情吗？所谓真正的贫困好像应该是自己感觉到，需求和所得在程度上有很大的距离。在20世纪的现在，并非没有"不能吃"的东西，严格意义上说是"没有吃的东西"，这是在一定的社会中，生活水准处于下层的人们中所存在的。在这个意义上，我痛切感到与其说是印度贫困，还不如说是欧洲更加贫困呢！

依靠对殖民地的掠夺，欧洲的生活水准已经达到相当高的水平，今天尽管他们已经失去了殖民地，但他们的生活水平也不会受此影响而有所下降。当然，在欧洲确实存在着在亚洲还看不到的那种在经济上处于不上不下中产家庭的那种苦恼。以荷兰、法国、英国为代表的欧洲的殖民国家，以及即使没有殖民地的欧洲各国,他们的经济间接地和有殖民地国家的经济有着很大的关系。从我在欧洲的旅行来看,有一点非常令我吃惊,这里有的家庭的穷困程度,超出了我的想象。我所听说的第二次世界大战前,那种繁华的欧洲之梦幻般的世界,已被眼前的事实所打破。巴黎、阿姆斯特丹、哥本哈根的中等阶层人们对贫困的恐惧,远远在我们的想象之上。

但是,在印度,对于外国的旅行者,也包括日本的旅行者来说,最令人惊讶的或许就是贫困。他们将印度和欧洲的生活水准相比较。但是,即使是要饭的印度人,也并不像阿姆斯特丹的中产阶层那样自感非常贫困。他们不管怎样,如果有这一天的食粮他们就很满足,尽管他们很贫穷,但是,如果朋友来的话,他们常常能用非常充足的可可、椰子和香蕉来招待客人。而在欧洲的中等家庭,别说是用茶和饭来招待你,常常是连一杯茶也不会拿出来招待来拜访的人,印度的朋友对此也非常不满。

下面,我们还是来比较一下印度人和日本人的中等阶层的生活吧!在印度如果一家有合情合理的住房,与其身份相应的饰具、衣服,能自由用的家具、炊具食器,充分营养的食物,他们就很满足了。然而,在日本又怎样呢?追求与自己身份不相称的流行服饰的趋势在增加,中产阶层对于照相机、电视、洗衣机、冰箱的欲望无限地增大,而他们和印度的中产阶层的收入几乎相同，他们的收入就好像石灰被水溶解那样很快就花销掉了。他们在自己真正的必要之外，还夹杂着很多虚荣，即使与所追求的生活还差一点，在同一阶层中，他们还是非常羡慕在物质上比自己的生活优越的人。而且，在这种需求和经济实力的不平衡中，贫困的精神生活已无情地渗透进来。

以自己的经济实力来享受适当的生活，如果是自己的生活水准提高了，也不要超过这个水准来消费。的确，生活水准提高一定是很舒适、很好的事情。问题好像是在不平衡上。印度的伟大之处就在于，至少像在日本和欧洲所看到那样的、对物质的那种显得非常无聊的追求，在这里人们并没有为此而被挤垮。在三千多年以前，人类就知道精神生活的重要性，直到现在这仍然是他们一般的哲学和生活态度，这不能不令我们敬佩。不过，像那种特别轻视物质、刻在岩石上的圣者的那种生活，也不一定要去推崇。为此，我有一次问过印度的一位知识分子。

"我们要特别尊重精神生活，同时，如果我们不反省物质的需求，也是可以完全令人佩服的，如果眷恋最低限度的能享受到的舒适生活，会是怎样呢？例如，这就相当于挂在墙上的一幅好画，和装有弹簧的床而不是硬木头床，放在屋里一样。这不是对物质的愚蠢的追求，而是一种心境和具体生活的合一。"

这位朋友马上答道："实际上你们和欧洲的生活同样舒适，

四 斯德哥尔摩

我们印度人现在的生活也很舒适。一点也不觉得不舒适。身心愉快就是当事人本身认为舒适，所以，在外国人看来我们不舒适，不过这不成问题。我们觉得很好，这是因为我们心理上过得很坦然。"

确实如此。在炎热的印度，如果睡在装有很好弹簧的床上，那真会热得受不了，在这个意义上，比起客厅的成套用具、沙发，这里更多的是放一些很硬的木头椅子，或者是非常便宜的藤椅。看上去没有家具空荡荡的房间，比用凌乱的家具所装饰的房间一定是凉快得多。所以，印度人在印度过着很舒适的生活。印度的中产阶层，即使是上流社会，过得也是像寺院那样的简朴生活。看惯了欧洲和日本的家的我们，看到这样的家就认为他们一定很贫困，而这些绝不是衡量贫困的标尺。

另外，有人会这样说，那是工业生产低下的原因。或许可以这样理解。但是，即使印度达到日本的产业水准，果真会以现在的日本人这样的购买方式来购置东西吗？这确实还是个问题。至少我敢断言，像这种由于邻居买了洗衣机，而自家没买的话，每天都要来打听，准备好一周的吃的，硬要买进美国的必需品冰箱这样的现象，在印度绝不会发生。印度人说到底，是以自己为中心考虑问题的，他们是了解自己的，更为可贵的是，他们是没有虚荣心的人。

印度人由于气候的条件，受印度教文化的强烈传统所支撑，能够超越于常规，不像其他国家的人们对物质那样执着。在我看来，这难道不正丰富了印度人的精神生活吗？在这个意义上，我们重新来思考印度的价值观、印度教文化，不是很有意义吗？它本身具有很多意义，或许这就是解决被20世纪文明所摧残、我们直接面临的各种危机的良药。我在瑞典又不由地想到了印度。

机械文明和福利设施

20世纪后半叶的今天，生活水平的提高，一是伴随着科学的发达，一是沿着机械化道路发展，进而迈向福利国家的道路。这种现象究竟会给人类带来怎样的影响呢？

我到斯德哥尔摩时，正赶上各种各样的国际会议同时召开，由于旅馆里都住满了人，正好有一位热情的朋友说他叔母不在家，就把一套设计新颖的单身住房（公寓式住宅）借给了我住。我在那里住了两个星期左右。不管怎样，我是刚从印度的边境生活中出来的，起初对如此现代的公寓生活，感到非常快活。

这所公寓坐落在斯德哥尔摩市西部一个幽静而又漂亮的住宅街上。下面有一个小而考究的丹麦餐馆。推开旁边镶满玻璃的门，坐上小巧玲珑的自动电梯，就可直接上到六层楼。用钥匙

四　斯德哥尔摩

打开一点缝隙都没有的精致的门,左边放着几件门口所必需的家具,正中是一条直达里面、宽1.5米左右的走廊。打开右侧的白门,是一间2米见方、设备非常齐全的厨房。打开下一个门,是宽敞的铺上瓷砖的浴室、洗脸间、卫生间。再打开最里面的正门,是一间15榻榻米(24.75平方米)的卧室兼起居室。起居室的正面全是玻璃,挂着厚厚的花边窗帘,外面还有阳台。虽然才到9月,却已经通上了暖气,拧开凉水龙头和热水龙头(斯德哥尔摩新式大厦都安有和自来水管道一样的热水管,没有必要烧开水),热水和凉水从两个水龙头流出来的瞬间,水温表(水银柱)也马上上升,不用伸手试水就可以调节水温。厨房的现代化就更不必多言。倒垃圾只要按一下电钮,一个通道便直通地下,不管什么东西只要扔进去就可以了,非常便利。不管你办什么事都可以用电话来解决。这就是斯德哥尔摩典型的生活方式。

过了几天这种舒适生活,不禁感到自己好像也被机械化了,成了物质的一部分,心里也开始感到异常地烦躁不安起来。一天,想做一顿很久没做过的米饭吃,就到粮店去买米。售货员给了我一个能装一公斤砂糖那样大的四方盒子,正中间可透过玻璃纸看到里面装的是米,我总觉得有点不像米,回去放在锅里一看,令我非常惊讶。啊!好像已经用机械洗得干干净净,每一粒都闪着光,简直就和药粒一样。煮过之后,连米汤几乎都是透明的,我心里暗想到底还有没有米的味道呢。由于好长时间没吃米饭了,所以一吃,觉得特别香。然而一联想到透明的药粒,我顿然又觉得像化学药品那样难以下咽。不只是米,就连蔬菜也洗得干净到了极点,连一点泥土味儿也没有。再加上是用高级纸包装着,就更加感觉不到那是从泥土中生长出来的植物。在这几乎没有人间气息的公寓里做完饭后,一边吃饭,一边透过窗户看着混凝土大厦,这种状况渐渐地令我忍受不下去了。这时我不由地深情地回味起在印度熙熙攘攘的集市上,从路旁的农民那里买来带有砂子、稻壳的大米时的喜悦,也十分怀念在日本菜店里买到的带有泥土的菠菜和土豆。

在印度和日本,尽管生活水平很低,但是人们决不会感到孤独。到处都是人而不是所谓的机械,有一种人们能够贴近自然的泥土气息。我到了欧洲之后,特别留恋泥土。欧洲城市的人住的是由石头或混凝土建成的房子,走的是石头铺的路或者是柏油路。住在都市里,真不知道这地球上的泥土都跑到哪儿去了。皮鞋一个星期也不用擦,一点儿也不脏。这对于像我这样的懒人来说,是值得高兴的事情。不过,没有一点点泥土气息,对于以农耕文化为基础的日本人来说,的确感到十分孤寂。在日本,有时不得不走东京郊外的泥土路,也常为此发牢骚。当然印度比日本还要土气几倍。厨房的地面是泥土的,擦洗餐具也

四 斯德哥尔摩

是用土。乘坐长途火车,经常看见有的妇女手里拿着块泥土,用以擦洗自己的茶杯和饭盒。所以到处都可以看到泥土。与此相比,欧洲却到处都是肉、黄油和牛奶的气味。深深感到他们具有与我们不同的文化基础,这就是畜牧文化。

然而,生活在混凝土建筑中,在机械气味充斥着的环境中,他们是否感到了满足呢?没有。斯德哥尔摩的人们,一到周末就必定要驱车到郊外去,想尽可能地远离机械文明。距离斯德哥尔摩一两个小时路程的郊外,如同东京郊外出售的小住宅比比皆是。一套房子有两三个单间,置有一些极为简朴的床、椅子、厨房用具和农具。每套房子都有20坪(66平方米)的院落,人们在那儿种植树木、花草、蔬菜,以度过周末。刚刚结识的一位长得和巴哥曼一模一样的金发妇女这样说:

"我们当然要选择那些没有自来水管,离取水的地方远,尽量不方便的地方。越是一切都不方便,需要我们亲自动手劳动,我们就越发高兴。如果连煤气也没有,能拣劈柴烧火做饭就很理想了。"

他们对不方便而又简朴的田园生活的向往,正好与日本人对电气化、自动化的高级公寓的向往形成对比。我这才理解,他们为什么对我在斯德哥尔摩做的那场关于未开民族的讲演竟有那么浓厚的兴趣。这种周末生活对他们来说是多么重要,确实超出了我们的想象。周末已成为一周重要的日程安排,如果没有周末,简直就难以生活。这已经成了习惯。我归国以后,一位访问日本的瑞典学者正好星期六晚上来,我们一见面,他一开口就对我说:"你今天应该到郊外去吧。耽误了你到郊外去休周末假,我深感抱歉。"我心里忍不住直笑。我们每天都在道路泥泞的郊外住着他们只有周末才住的房子。所谓大城市东京的这种生活,当然是来自斯德哥尔摩的人们所难以想象的。

为我的研究提供奖学金的 E. W. 财团董事 E 女士,有一天邀请我参观斯德哥尔摩的托儿所和养老院,并给我派来一位女向导。在以社会福利国家著称的瑞典,这两项设施确实是值得骄傲的。

托儿所坐落在斯德哥尔摩郊外一个幽静的住宅区内。院内有树木和草坪,样式如同一处非常一般的普通住宅。我随着向导走了进去,里面有十来间房屋,分别标明几岁小孩的房间。比如 6 岁孩子的房间里,不仅有最适合 6 岁儿童的画册、玩具、桌子、椅子,而且有最适合 6 岁儿童的色调柔和的墙壁、地毯、窗帘等,总之一切都经过了精心的考虑。受过专门幼儿教育训练的年轻妇女担任保育员,每人负责承担三个儿童的保育工作。每个房间有一到两个孩子。

四 斯德哥尔摩

据说,现在斯德哥尔摩的已婚妇女中,70%都有工作。由于已婚妇女就业率提高,这种托儿所设施也随之修建了许多。有工作的母亲每天上班前用车把孩子送来,放在这儿一天,直到下班时再接回家。

当听到这个设备齐全、非常理想的托儿所一天的保育费是多少时,真让我大吃一惊。因为保育费竟然是当时我所住的斯德哥尔摩的站前旅店住宿费的两倍。领我们参观的一位年轻漂亮的保育员,在7岁儿童房间里指着正在摆弄玩具的一个孩子对我说:"这个孩子已经在这里生活了7年了。"这时金发少年忽然扭过头来,他那副眼神显得多么孤独啊!我从他那温和可亲、甚至显得孤独忧郁的长长睫毛下的蓝蓝的眼睛里,好像看到了他置身于遍地是冰天雪地的大平原中,那种孤独的倾诉,顿时令人感到心如刀绞。当然,这孩子虽然不会自己说出口来,但他不论身穿多破多脏的衣服,也愿意待在自己母亲的身边吧。事实上,社会保障不管多么周到,物质多么丰富,也无法创造出母爱。"只要有个好的托儿所",这句话是日本想就业的已婚妇女的口头禅。寄希望于托儿所并不错,但日本到底有几个妇女、几个母亲能看得下刚才那位孩子的孤寂的眼神呢?托儿所对那些贫穷的寡妇、必须负担一家生计的妇女来说,当然是理想的地方;但是对那些经济条件允许其待在家里,她们却为了自己就业而利用托儿所设施的母亲们来说，难道没有必要去深思吗？

瑞典是仅次于芬兰的妇女获得选举权较早、妇女运动特别高涨的国家。一位为妇女运动奋斗了半生的银发妇女对我说："在瑞典，正是由于我们的斗争，妇女的地位得以大大地提高，很多妇女都进入了社会。然而，工资总还是妇女要低一些。原因是妇女生孩子前后需要休假，出勤率下降，所以工资不能和男人拿得一样多。基于此，现在我们打算提出这样一个方案，就是当妻子因为生孩子而休息一个月时，丈夫也必须同样休息一个月。当然生孩子本身是妇女的事，但是与生孩子有关的各种事情都应该由丈夫去做，比如换尿布、喂奶以及其他许多家务事，丈夫都应该做。这样一来在生孩子时夫妻双方都休息了同样的天数，男女的绝对劳动量就可以画上等号了。只有出现了一条工资平等的基本线，才能达到男女平等。"

结果就是要达到促进男女同权、男女平等的目标。我觉得她的意见好像稍微有点过头了。

即使都是瑞典人，也不完全一样。斯德哥尔摩大学一位社会学教师，就与他人的想法完全不同。这位从事家庭问题研究的教师，用很平静的语气对我说："瑞典妇女积极走向社会，究竟得到了什么？我认为这还是个问题。恐怕失去的东西比得到的要多得多。的确，妇女的生活水平是提高了，然而她们用工资买来的主要不就是梳妆打扮用的服饰品和更多的娱乐吗？这些东西，对于满足她们的欲望确实起了非常大的作用，然而，妇女的魅力不但没有因此而增加，反而褪色很多。为了满足她们的物质欲望，她们的孩子和家庭付出了多么大的牺牲啊。丧失了女性本质的那种瑞典妇女，不管打扮得如何时髦、服饰如何漂亮，对于我们来说，又能有多大的魅力呢？"这是来自男士方面尖锐的批评。

在瑞典，由于特别富裕和安宁，很多东西都变得有些畸形了。前面那位献身于妇女运动的妇女和那位斯德哥尔摩大学教授所代表的两种意见，正揭示出现代妇女问题面临着的两个极端。反过来我们再看一下瑞典的男人，不由得让人感到他们有点缺乏男子汉的魅力。因为150年都没有打仗了，国家又很富裕，社会保障看起来又如此完善，男人因此居然会变得带有些柔弱之气！当年海盗时代那种男子汉的魅力真不知都跑到哪儿去了！瑞典的男子现在非常温柔，而且好像给人一种没有激情的感觉。瑞典的男人确实也非常单纯。难怪妇女产前产后，要让他们休息来给婴儿换尿布呢。

我刚到瑞典时，觉得那里简直就是女性自由自在的天堂。可是一个月以后，我又认为：像英国、日本的男人们那样傲慢一些、摆些架子也无妨，这样男子汉的气质对于女子说来，也许会

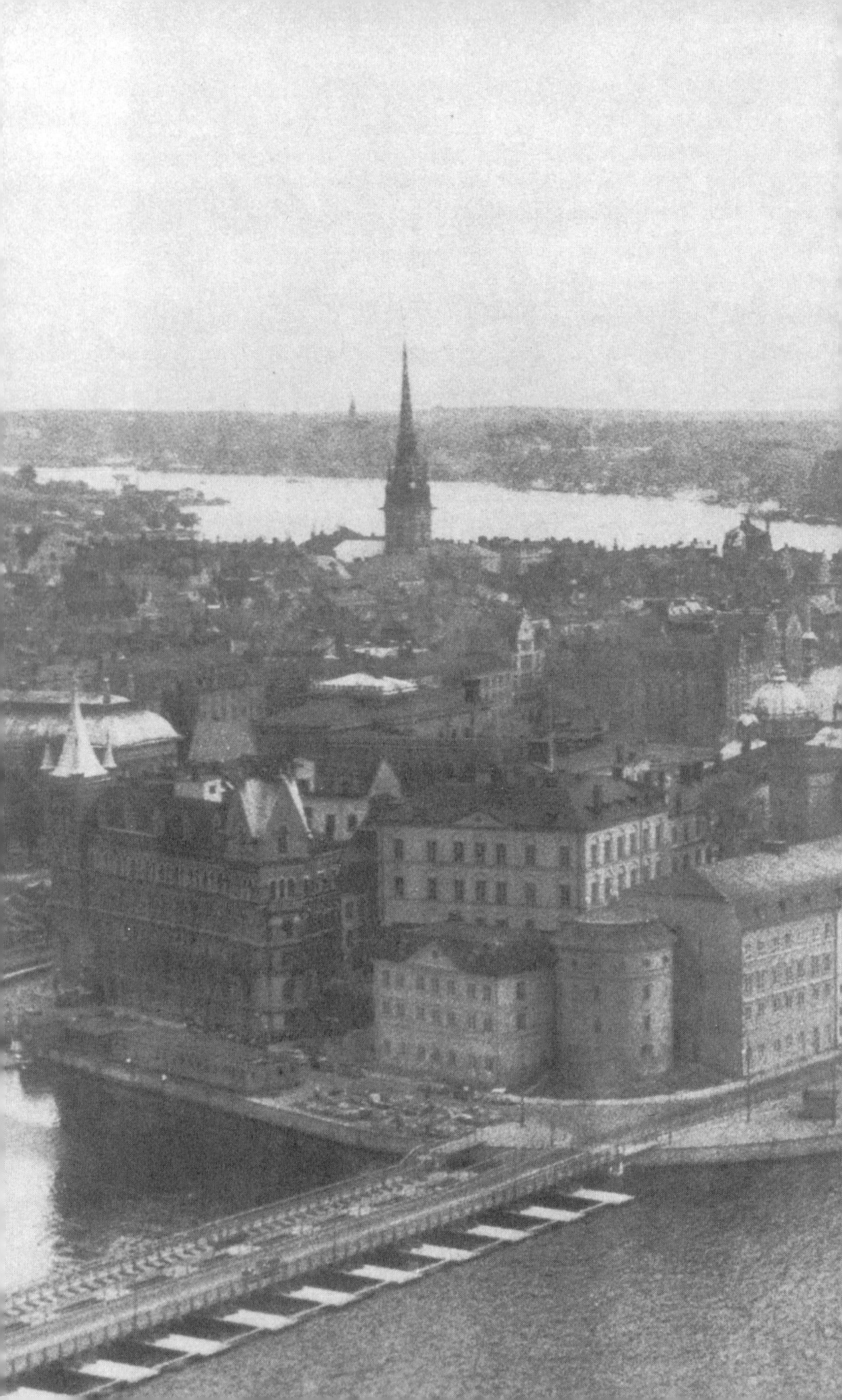

斯德哥尔摩一景

出乎意料地好。我觉得用非常厉害的女性来统治相对比较软弱的男性的社会，也真没劲儿，甚至无法忍受。这并不是因为我是个旧式日本女性才这样认为的。之后我又到了法国和意大利，那儿的人们和我也想到一起了，这又令我大吃一惊。在意大利和法国，男人女人异口同声地说："真难以设想，晚饭后让丈夫洗盘子。我绝对不愿意那样做。"

我从托儿所出来，又到养老院访问，在养老院令我震动很大。这是一座最近刚建成的钢筋混凝土结构的十层漂亮的大楼，建造得和一流饭店没什么两样。电梯特别地大，足可以放下两张床。这种电梯安装在体弱多病的老人居住的大楼上，是非常周到细致的。不能自理生活的60岁以上的老人完全由政府拨款资助，在这里可以免费（还给些零花钱）度过安乐的晚年。每人一个房间，夫妇两口给两间房，一间客厅一间卧室。每五个房间还配有一个受过严格训练的非常干练的护士。六楼还设有食堂。此外，每层楼设有小而简易的厨房，想做什么菜就可随便做。另外，一楼还有饮食店、小卖部等。

瑞典人根本不用为上年纪而担忧。他们直到寿终，都可以过着比任何一个国家的老人在物质上都舒适的生活。这确实是令人向往的。在我们看来，这是非常理想的社会。传统的家庭

四 斯德哥尔摩

制度瓦解后,我们都会有晚年的悲凉和凄惨,都会成为穷困的老人。可是当我看到这样惊人的社会福利保障之后,我又想,这对人类来说究竟是好是坏呢?走廊里那些来来往往的老头老太太,他们那空虚的暗淡的眼睛,真使我深感不安。像那样空虚的老人的眼神我还从来没有看到过。我思索了片刻,终于明白了一个道理。没有事干,只是活着,这样的人生又有什么意思呢?没有爱憎的生活,没有穷困的痛苦和劳动苦乐的生活,它肯定会使文学也走向灭亡的。

这座现代化的钢筋混凝土大厦,地板和墙壁光彩照人,每个房间都有一幅抽象派的画挂在那里,厨房、电梯全都装有电钮,按一下电钮就可自动运转,我想,如果为在这样的环境里维持生命的老人们着想,至少也应该把画框中的画换成柯罗或者塞尚的画才好。我转念又想,也许因为我是一个日本人才这样想,在机械文明发达的现代化的瑞典,也许连老人也能欣赏抽象派的艺术。然而,我总觉得抽象派的艺术与这些老太太不大相称。所以我就问其中一位老人家:"你是喜欢那种抽象派的画,还是更喜欢自然派的风景画或人物画呢?""当然喜欢后面那种。我们不懂这种抽象画。"

女向导插话说:"我们与其说是以今天的老人为对象,不如说是在为几年、几十年以后作打算。到那个时候,那种抽象派的画就正合适不过了。"

一切都在计划之中,物质文明总是没有止境地不断地向着更高的阶段发展,特别是在20世纪后半叶。再过一段时间,人类或许在精神方面就会追赶不上物质文明的发展。在瑞典的现阶段,从某种意义上说来,人们已经被自己所创造的物质文明的发展给抛到后面了。

在返回的车上,我问女向导:"今后你们瑞典将向何处发展?"

"这连我们也不清楚。"

就连这位妇女也是用看上去空虚的眼神呆呆地看着前方。全世界都在努力进行各种建设,努力地提高生活水平,以便争取建成瑞典式的社会。当印度热带丛林中的人们达到现在瑞典这样的生活水平时,瑞典人又将生活在怎样的社会环境中呢?最终,人类将不能同人类自己创建的环境相对抗,正如同长毛象和巨大的野兽不能适应变化了的新环境而绝迹一样,人类或许可能会消失于什么地方。那时,现在刚刚独立了的非洲人、印度人将会展示出不同的人类生活方式,一个完全不同的地球将会出现在我们面前。

我离开瑞典,到了哥本哈根,漫步在街头时,头一次遇见了衣衫褴褛的无家可归的贫穷老人。他的眼神炯炯有神。我对一位丹麦的朋友说:我自从来了瑞典以后,第一次看到这样的老

人,不知怎么感到了一个人所应有的一种喜悦。这位朋友马上流露出一种疑惑的神色,对我说:

"啊,那么中根小姐,你是说贫穷好吗?"

这确实是开倒车。那是对人类健康的要求和欲望的否定。我当时为什么不能充分地让她接受我的观点呢?老实说,我当时也没有找到结论。这样复杂的人生问题,确实很难把握,那我们究竟该如何看待呢?

五　英国

守规矩的英国人

在《架起战场之桥》的电影中,出现过这样一个画面,被日本军俘虏的英国将校说:"我们是遵守规矩的文明人。"对于无视日内瓦条约、就连将校也要强制劳役的日本将校的命令,誓死不予服从,这就是非常有代表性的英国人。在英国生活了一段时间之后,不得不对那里所有的人都是那样"遵守规矩"而惊叹不已。人与人之间的规则和社会性的规则、时间等都被毫不含糊地遵守下来,一点都没有加入诸如"情"之类的微尘。

首先,在饭店吃早饭。早饭的时间是7点到9点,这个时间段确定下来后,即使是9点过1分去了也没用。喜欢睡懒觉的我,常常迟到。9点2分刚过,从食堂的很大的玻璃门看去,还有刚开始吃饭的人,不过已没有点菜的人。我因为有特别急的事要办,会比那些人早些吃完,希望能让我进去,结果,不管你怎么说都不行。而我在这个饭店已住了一个多月,和女服务员、柜台前的人都已面熟,然而,一旦挂了CLOSED(关门)的牌子后,就没有一点交涉的余地。如果就在"关门"牌子挂的瞬间正好你到了门口(如同从天而降),女服务员及正在挂"关门"牌子的人会面带愉快的笑容,就好像是自己的事那样说道:"啊,太好了,正好赶上!"可见他们对于彼此间的感情和遵守规则的事是截然分开来的。

有一次,我与美容院约好10点钟到,我正好10点钟打开了这个美容院的门一看,为了我,桌子、椅子全都准备就绪,美容师把手放在椅子的背上正在等着呢!

再说乘地铁。在像皮卡底列广场、牛津广场等这样的大车站,好几部自动楼梯都自动地运行着,不管什么时候,乘电梯的人们都从左边有秩序地排成一行。右侧空着,有急事的人可以从这里跑上去。在这架长长的电梯上,没有一个人站在正中间,大家都非常整齐地靠左边乘梯,从右边是一定能跑上去的。除去英国人,哪里的社会能这样呢?乘公共汽车也一样。在公共汽车的停车站,第二个来的人一定要站到先来的人的后面。也有人很少、一点也不拥挤、没有任何必要排队的时候,不过,一般情况下,只要是两个人以上,就肯定会排队,这已经成为一种习惯。如果有人插队把队搞乱,人们会小声嘀咕:还有这样的英国人；如果是大声说时，那说明已经是忍无可忍了，插队的人也只好灰溜溜地从队里出来。当然也不是绝对没有秩序混乱的时候。在巴黎，人们就不能很好地按秩序排队。大家都非常自由地站在自己想站的地方。但是人多的时候，像这种自由的方式就麻烦了，按这里的习惯，来车站等车的人，按顺序都要到打出排队顺序号卡的机器处，拿自己的顺序号牌。拿到顺序号牌后，就随便地站在什么地方。然而，当公共汽车一来，人们就"哗——"地蜂拥而上，这时，司机大声喊着："最前面号的人是哪一位？"并开始喊起号来，但是，结果仍是乱七八糟。在罗马，根本连顺序号都没有，更是一片混乱，他们用喧闹的意大利语叫喊着：让我先上去。这和日本不同的地方是，不管是在什么时候，一定是女士优先。在英国人看来，不管是法国人，还是意大利人，或者是日本人，全部都像小孩一样，不断地做些很愚蠢的事情。

又如在商店买东西。如果正好有人从后面跑到了前面，不论那人怎么恳求，店员都会对他完全无视，而对前面的顾客说："还需要什么东西吗？"偶然间分不出先后时，店员会主动地问："哪位顾客在前面？"像这样，所有的人都必须要有些绅士风度。在伦敦有一位日本人对我说，有的英国人把东方人视为笨蛋（蠢货），他非常非常地气愤。据他所说，有一次去一个商店买火柴，按照惯例大家都在那儿排队，但是前面的人买了很多乱七八糟的东西，找起零钱来特别费工夫。他在后面等不及，所以就放了一个便士的火柴钱后，拿了火柴要走，谁知这令英国人非常愤怒。而这在日本是很正常的事情。在他看来就是因为他是东方人，店员才如此没有礼貌地让他在众人面前出丑。我听了之后，马上说到："店里的人之所以发怒，绝不是因为你是东方人吧！这一定是因为在你前面的人还没有买完东西，你就越过去买火柴的缘故。"这是讲究公平、遵守规则的英国人式的观念，这位日本人一定是破坏了这一规矩。英国人不是那种肯表白感情的人，不会常常炫耀自己是多么的优秀，所以，在日常生活中，他们并不会考虑到对于不同的国家的人，应该灵活地处理与这些人的关系和情感。

尽管我也很遵守规则，但我不像英国人那样在生活中将规则运用得炉火纯青。或许英国人还是有一些人种的偏见，不过，在我待的三个月里，一点也没有感觉到。在英国的大多数日本人，和我也有同感。即使上面提到的这个例子，我想也绝不要掺杂进"就是因为我们是东方人"的想法，不过，像这类事情，日本人和印度人都会很愤慨的。在印度时，人们常说英国人非常冷酷无情。但是英国人不只是对印度人冷酷无情，英国人即使对同事也是冷酷无情的。对于因为同类（朋友）关系而打破规则的

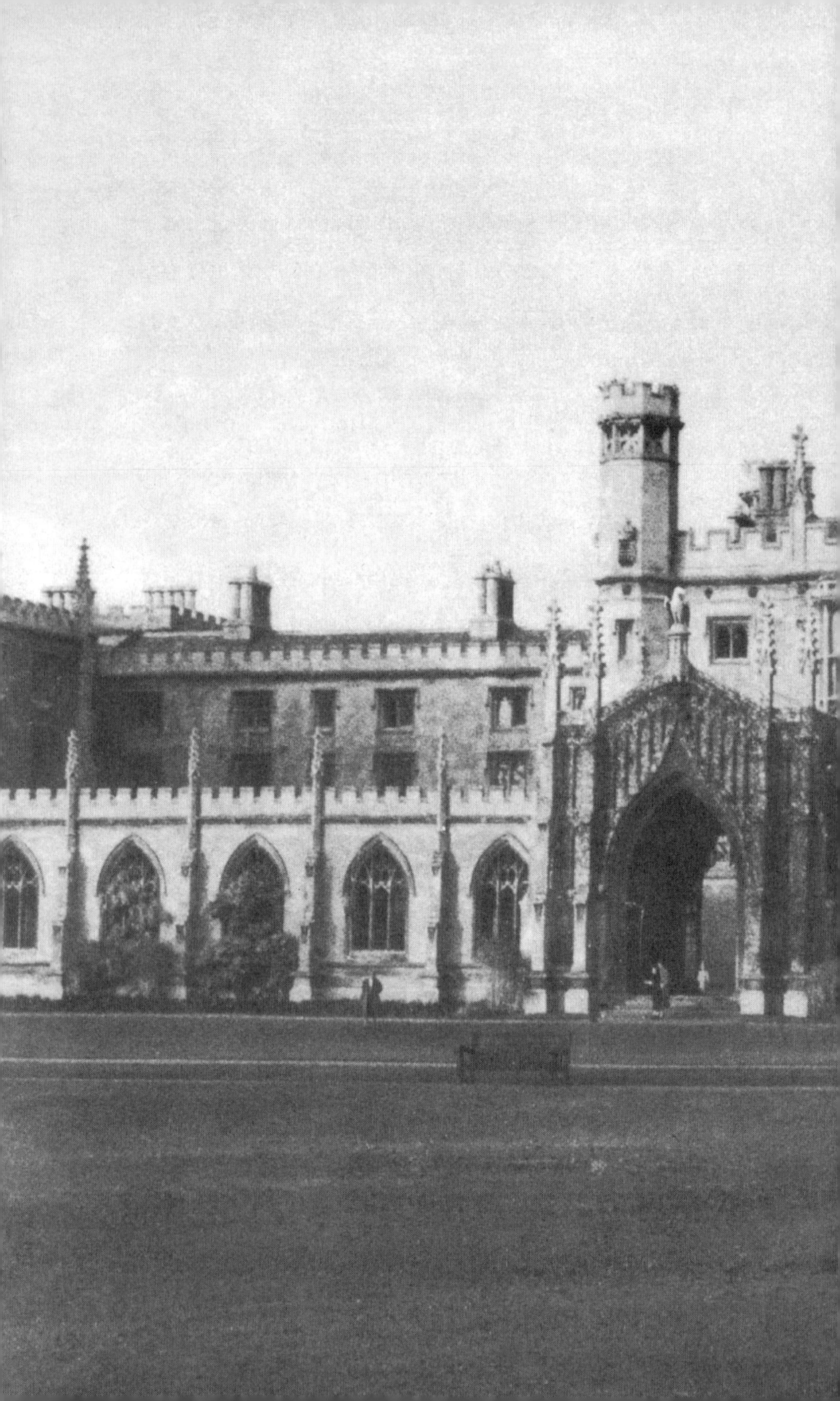

作者在英国度过了半年多的留学生涯。

行为是决不允许的,完全没有酌情处理的概念。他们具有与以面子(义理)、人情为美德的日本人、以情为重的法国人、意大利人和没有约会规则观念的印度人完全相反的秉性。在英国,政治家没有渎职的,所有的一切都运行得非常完美,这些都是基于规则先于人情的英国人的秉性。从英国人的日常生活的所有事情上都能深深体会到这一点。为了便于明白,在此举一个比较突出的日本的例子,这就是这种规则特别类似于按照正确的时间表运作的火车和电车的司机及乘务员在公务中的行动一样。基于连复杂的刻度盘都数不清楚的庞大的规则,不管在什么情况下都是规则优先于私情,每个人的责任和义务都非常明确地、自然地能被意识到。我经常乘火车和电车,深深体会到乘务员和司机比其他的乘客要特别地显眼,这或许是人类把义务和责任十分自觉地用到行动中的美的由来吧!英国人在涉及工作时都具有像乘务员和司机那样一丝不苟的美德。只有一点区别是,日本的乘务员和司机由于被各自管区所制定的标准、规则所控制,必须要服从这些标准与规则;而英国人的规则并不是指来自上级或者来自外部的命令以及被规定的东西,而是存在于人们之中的一种习惯。社会的约定已成为血液在每个人身上流动,即使在不同的场合,甚至生逢绝境,这些英国人也不会打破规则,这种习性确实根深蒂固。我想他们能统治如此复杂、困难的印度二百余年，与英国人的这种天资有着很大的关系。这种规则优先，是和英国人的性格相辅相成的，这也是在政治运转中，作为统治者得以成功的重要因素之一。如果去了印度、真的了解印度，实际上，印度人与其说对帝国主义怀有刻骨的仇恨，还不如说他们还不得不称道英国人对印度的这二百多年的统治。英国对印度的统治、印度的独立这一连串的历史，在某种程度上，展示了两个具有极端的文化、文明的伟大民族之间充满魅力的斗争过程。以我对世界史的了解，还没有超过像这种欧洲的力量和亚洲的智慧结合在一起所绽放出的诱人的火花一般如此灿烂的先例。而且，如果从公平而论，还不能说哪方取得了胜利。正像我们所熟知的那样，正因为人类有这样的斗争，新的世界才展现在我们面前。

此外，在人际关系上，由于常常是规则先于人情，所以猛一看，英国人好像很不讲人情，对人很冷漠。不过，他们在谈话中经常说些幽默的话，令人特别愉快。而且，在公共汽车上、饭店的大厅里、餐馆，即使是不认识的人，也会对你微微一笑，那种温和的目光，令你感到很舒坦。而日本人在这些场合，目光总是冷冰冰的，而且还有一种心地不善之感，这也是我难以忍受的。两者相比较，我决不会认为英国人会冷淡。可以说，他们是非常热情的。当在街上问路时，英国人会非常详细地告诉你路该怎么走。另外，在带着旅行包乘汽车时，就在我看行李架的瞬间，我的旅行包已不知被谁放在了行李架上。在日本，在坐席间，要说着"对不起，请让一下"，在多数场合，即使你很费力气地往行李架上放旅行包，坐在座位上的男士也不会过来帮忙的（据说日本的男性，在很多像这种场事的情境下，心里不是不热情，而是难为情）。

确实，英国人平时在人情上没有表示出像拉丁美洲各国的人、印度人和日本人那样的热心，但是，当你最困难的时候，需要这种热心的帮助时，给你伸出热情之手的一定是英国人。我在英国生活时，在很多时候都有这种体会，下面还是举个例子来说明。乘地铁的时候，靠近车门口的一位年轻妇女因贫血而倒在地上。正在这个时候，看到这位妇女的两位绅士（与此女子素不相识）马上到了她的跟前，两人把她抱了起来，在下一个停车的站台，把她带了出去。其中的一位男士很快通知了站上的工作人员，两位车站工作人员马上赶到，从两位绅士手中接过这位女士，马上把她带到适当的地方去了。而这两位绅士好像没做任何事一样，一点也没有表示出具有特殊情感的男性的表情，各自分别在下一个车站下了车。我完全为他们的举动之正确、神速、漂亮，所履行的作为一个社会人应尽的义务这种人类的美德所折服。那以后不久,我就去了巴黎,黄昏时节我在圣日尔曼大街散步时,看到一位中年男子好像非常痛苦地蹲在路旁折腾着。人们站在他的前面,看了一会儿就离去了。没有一个人有帮这个人的意思。因为我已经习惯了英国的生活,看到此景,心里有阵阵刺痛之感。为什么这里的人如此冷酷,这是在英国决不会出现的事情,为此,我对巴黎人的此般表现也深感愤慨。

还有一件事让我记忆犹新。我来英国前,想请教剑桥大学的一位老师,经伦敦大学的一位老师介绍,我被安排在剑桥大学的"席明纳"(seminar)上发表我的研究。我收到了从剑桥大学的老师那里来的信,信上写着某月某日的下午七点以后有"席明纳",并告诉我这一天的三点有来的火车,连到伦敦的金古斯库劳司火车站的时间都写在里面。因为"席明纳"七点才开始,我三点去了该做什么为好,我想在图书馆或研究室看一下书,可以打发这段时间。我按预定的三点到了剑桥车站,出检票口,看到老师在出入口正等着我,接到我后接过了我的小型旅行包,这真令我有些不知所措。与这位老师见面这是第二次,至于老师自己亲自来车站接我,我连做梦也不敢想。这位老师开车把我接上,并向我介绍这里的情况,他驾驶着汽车,行驶在漂亮迷人的凯母河畔。我心里思忖着,这是要到什么地方啊!正想着,汽车在像公园一样美丽、被红叶丛林包围的图书馆前停下了。先生把我带到了一个叫安德生的阅览室,简单给我介绍了一下,说让我稍等一下就出去了。不一会儿,手里拿着一些厚厚的论文来到我跟前说:"你在这里好好看一下这些材料,六点时我来接你。"然后就走了。我翻开这些资料一看,正是我在印度时就想读的,是和我做的研究类似的,在印度南部作调查的社会人类学者未发表的学位论文。我非常高兴地看了起来,把先生的事都忘在脑后了。过了很长一段时间,我下意识地感到有人在我的身旁,抬头一看,先生非常和蔼地说到:"哎,该走了吧。"我一看表,正好是六点。然后,去先生的家吃晚饭,充满激情的、活泼的"席明纳"(seminar)结束后,我就借宿在先生的家。

我还没有遇到过像这一天的事那样被英国人的做法所折服的。值得一提的是,老师去接我时,以及在此后一段时间里,没有夹杂一句表现自己热情的感情式的语言。这确实是感觉有些不太好。但是,那种朴实的诚意、有关研究时的严谨的态度以及对弟子的关心随时都体现出来。在"席明纳"上,或"席明纳"后,先生给我的指导很多很多,即使我回到东京后,如果有问题,只要给他写信,先生一定会非常认真地给我回信。

简言之,英国人的热情,是在对方最需要的时候,非常潇洒地伸出援助之手。与此同时,为了尽可能地不给对方添麻烦,处处体察入微,即使是随便谈话时,也会避开对方所讨厌的东西而找出共同的话题,此外,不管是好还是坏,都不会去干涉别人。在日常生活中,英国人很有礼貌,而且非常客气,甚至有些刻板,乍看上去给人一种冰冷的感觉,就是这个原因。没有比这里个人主义发挥得更淋漓尽致的国家了。个人在这个社会中是非常明确的一个单位,我顿时悟到,在与此结合的有关的人际关系中,规矩和信用是至关重要的。像在这个社会中的人们,看上去的确有那种日本人所不能忍受的孤独、冷漠,然而与压制这种自然的人类情感相对应,他们所表现出来的常常不由地令你开怀大笑的幽默,对归纳推理的漠然、让你仿佛置身于体育比赛中的谈话方式,他们所具有的对所有人的那种热情的诚意、友情,并由此所展示出来的强烈的信任感,这些如同添加了令人舒适愉快的润滑油一般,正由于此,他们生活得非常自在、幸福。

但是,所有这些令你愉悦的一切,完全是一个成人的世界。和这些英国人相对照,我们常常感到自己好像是孩子(只是与中国人和英国人相比较时,才有这种感觉)。然而英国人因为度量很大(这里想说的是和我们一样的人类),即使对像那种非常任性、莽撞的孩子式的外国人,只要他们具有某种魅力、诚意和独创性,也是非常高兴地欢迎的。不用说,即使在这种情况下,也要遵守他们的规则,必须相信他们的那种非常重要的规则。

男人化的世界——英国

伦敦的一个夏天的夜晚。这是我初次踏上英国国土的第一天。我还沉浸在刚听完阿尔伯特大厅音乐会的激动之中,就和江上波夫教授一起,要去牛津大街方向,途经海德公园。我们从一个非常安静的大理石拱门出去,到这条路尽头的一家饮食店去喝咖啡。饮食店的很多桌子都满满的,我们就在柜台的一隅坐下了。我和先生在点咖啡的瞬间,从这里稍高出来的地方抬头看去,这一刹那间我所看到的一切,令我吃惊得终生难忘。我看到所有的桌子上都是男人(当时,觉得是不是偶然遇到),每张桌子上有四五个人的、有两人的,他们在谈笑中所表现出来的眼神,就好像海盗为争宝物而讨价还价似的。那完全是男人的世界,造成一种充满杀气、非常紧张的气氛。总之,他们对女性显出一副一点念头都没有的样子。在巴黎的餐馆,即使有像这样的男子,也绝不是在英国所看到的那种样子——总会有人来谈论涉及女性的话题,在那里充塞着罗曼蒂克式的、非常亲切的气氛。作为外国人的我们,尽管什么也不说,但却能很自然地融进这一和谐的气氛之中。

但是,在伦敦的这里,男人们就像是要塞坚固的城池,而我们就好像从用玻璃窗隔开的房间里来看他们,都是些完全没有关系的人。我突然间感到他们如此无视和轻蔑女性，为此我大为震惊。正在往咖啡里加砂糖的江上先生，在伦敦的男性中，是唯一的女性的伙伴，我好像看到了知音似的，马上想到向他求救。

"先生，怎么回事！这些男士们完全无视女性的存在。他们的表情好像是完全扎进男人的工作和侦探小说的情节之中，至于夫人、恋人、女友们的事，在这瞬间，早已忘到九霄云外。而且不仅如此，所有的一切，都显示出一副大无畏的气概，令人不得不相信，大英帝国确实是由英国的男人们所缔造的。"

我从来没有看到过如此露骨的男人的世界。比我先来英国访问的江上先生，马上明白了我的意思。

"你说得完全对，英国这个地方确实是一个非常男人化的世界。"

"不过，先生，如此这般，英国的女人们就很可悲了。日本的男人尽管也常常摆架子，但在心里常常还惦记着母亲、妻子、女儿、女友，这些都能让人接受。"

接着江上先生说到，在日本，男子到结婚之前（甚至之后），在家里和母亲一起过、接受母爱的培养特别多，这样，男子在成长过程中，受到女性的影响最为显著，这些男性恋母情结非常强；而在英国，所有的知识阶层的子弟，从少年时代起，就进入传统的寄宿制学校，一直到大学毕业都远离母亲，接受的是完全男性世界的非常严格的教育，他们在这样的环境中成长起来，所以形成了鲜明的男性的人格。我在随后对牛津和剑桥的学院的访问中，对此深有感触。寄宿的住所为中世纪或者是文艺复兴时代的古老建筑，窗户狭小，光线很暗，就好像监狱似的，而且除体育之外，没有其他任何娱乐的设施，一点都看不到带女气的生活。可以说，英国的绅士所具有的那种傲慢，和其具体成长过程有着很大的关系。他们的学校教育是真正的斯巴达克式的非常严格的训练，据说也吃了很大的苦头，使这些男人即使到了成人进入了社会，也不时地想到学生时代所受的痛苦和严峻的考验，由此也就铸就了他们现在的性格。所以，这些男子的内心深处，比起任何地方的男子都深不可测，性格非常刚强。

从伊顿地区，进入剑桥、牛津教育程序学习的人，除少数例外（最近，例外的多了起来），基本上是由家世所决定的。如在剑桥的皇家学院学习的学生，其父亲、祖父、曾祖父甚至更远的祖先，代代都在皇家学院学习。也有一些人在自己的男孩子一出生的同时，就把入学志愿书交给了校方。因此，各个学院都具有自己的传统和特色，据说他们从对方走路的姿势、身体的动作中，互相就能马上明白各自是哪个学院的。一些古老的学院可追溯到13世纪。"gentleman"在英语词典里是指那些出入大学的人，同是说大学，但是日本的不完整的大学甚至是最高学府，和英国意义上的大学相差悬殊,这不只是三年和四年的大学教育问题,而且还指像这样生活在非常深的传统中、接受训练的人们。所以,一些刚去英国的日本人尽管想模仿英国的绅士,但是,像那些学院式的东西,一点也接近不了。民族学家冈正雄教授在评价英国的绅士时,曾这样和我说:"就像是不断交配而生下来的骏马那样,所谓的伊甸园等正是产生英国纯种马赛马的地方。"没有比这个更能用语言形象地表述英国绅士的了。

我深深地感到,盎格鲁-撒克逊特别是统治英国的日尔曼系的骨架和民族特性,其本身具有非常明显的男性的因素,而英国的绅士,正是由这种天资进一步经过数代人工的磨练而造就出来的男性。这一点我们可以从下面的事例中看出,这就是生活在伦敦东区(贫民区)的一般劳动者的风貌和态度,和所说的绅士截然不同。我去英国前,猜想英国这个国家一定是只有绅士,然而令我吃惊的是,在地铁的站台上和街上,那种非常粗野、一点都没修养的人也很多。如果把绅士比作纯种马的话,这些人可以说是运东西的驸马。

这两者之间有着惊人的不同。真可以和印度的种姓相比。举一个浅显的例子,英国人常常说:"yu"和"no-yu"。"yu"是指 super class(上层),"no-yu"正好与之相反。而且,还有这样一种说法,喝红茶的时候,开始先放砂糖和牛奶,随后才倒入红茶的就是"no-yu",后放入砂糖和牛奶的为"yu"。另外,在酒吧有两个入口(里面也是分开来的),写着"public"(公共)的,是劳动者进的地方,另外一个入口是为绅士开的。我就想试着问一下常常从"public"处出入的人,为什么不想着加入穿西服的绅士行列呢?这位男士说道:"不用说,加入进去也是容易的事,然而,成为绅士后,就要具有绅士的责任,必须要做那样的工作。我们悠闲地活着,把一切责任都委托给他们,岂不乐哉!"这的确是英国人。而日本人,常常是轻视自己的义务和责任,只是喜欢接近自己的上司。像这些种无聊的虚荣心,英国男士没有。另一方面,绅士在英国纯种的潇洒和特权中,充分肩负着英国命运的责任和义务。这一观念与成为印度的种姓制度基石的"分工"精神是相通的。

在各种身份、能力和工作中,他们非常自觉地明确自己在社会和经济分工中的责任及义务,并竭尽全力去履行之。像在这样的社会中,流动性很少。而在日本,社会的流动性很大,义务、责任之所在就很不明确,然而,在一定意义上,它比起过于民主的社会,不是显得非常稳重和强劲吗?我所看到的是,把法国、荷兰、丹麦、意大利和日本比较的话,社会的分化非常厉害,在英国这一点特别的显著,其主要原因难道不是和绅士阶层的形成有着直接的关系吗?

五 英国

在日本，英国的绅士和英国人的特性常被提到，主要介绍的还是这些为数很少的绅士阶层。的确，绅士阶层的生活态度、道德对于英国整个社会的影响是巨大的。没有女气的男子汉的形象，说得过头一些，就是绅士。在这些社会上层，男子即使结了婚，与其说是建立了"妻子围着自己"的家庭类型，还不如说，妻子成为家庭圆的中心，儿子和女儿又围着这个中心，而丈夫正好在这个圆的外面。男子的活动并不局限在这一圆内，他们有非常自由的仅属于男子的活动场所，这些是剑桥大学的一位社会学者对我解释的。进而，他补充到，这一类型在日常生活的行为模式中也表现出来，丈夫很少去接吻、拥抱妻子。感情的表露要尽可能地谨慎。他还说："我们要尽可能地避免触摸女性。"例如晚饭后，丈夫在壁炉前读报纸，妻子在织毛衣之类的东西，上床之前的这段时间几乎什么话也不说，像这种状况是很平常的。但是，下层社会的人们，感情的表现非常地充分，也不隐藏喜怒哀乐之情。而且，在和亲戚朋友的交往中，也显得非常有情。总之，绅士阶层，就好像是专为男性而设的。不管怎么说因为是纯种，从作为"男性"的角度来看的话，没有比这更优秀的了。经过几代在体育和教养方面的训练后，其姿势显得非常高雅，紧绷的脸表现出一种男子汉气十足的感觉，从其内在的方面，就能嗅到英国文化的传统气息。当然也有不是这样的。我从地铁下来，上了台阶,抬头向外出口处看去时,猛地跃入眼帘的是,在大雾笼罩下的伦敦街上非常吸引人的潇洒背影,我此时深有感触,啊,这就是英国!我能看到他们从脖子到宽厚的肩上有一条非常清楚的线以及把雨衣紧紧裹在腰围上的腰带的线,他们穿着很细长的裤子,走起来显得非常有力。不管怎样,从背影看上去,确实感到他们有一种其他国家男性所没有的"男子汉的气质"。之后,我去了巴黎和罗马,这些国土上的男性,姿势、服装的制作、色彩等各不相同,但是,他们的动作却非常柔和,从中似乎总能看到些女性的东西,他们也有英国绅士所不能忍受的那种恋情。

英国的绅士被描绘得很潇洒,不过在我来看的话,也有些很滑稽的地方。举个例子来说,即使是现在的政府机关集中的街道,仍能看到很多戴着锥状的高帽子、穿着细长裤和带有西装背心的黑色西服、拿着卷起来的细长雨伞的典型的英国绅士。有一天,我从日本大使馆所在的贝尔格莱维亚广场出来,漫步在海德公园的一个角落时,突然下起雨来。我马上跑到走在前面的山高氏前,非常感兴趣的是他常常带的雨伞怎么不打开。雨越下越大,他只是一个劲儿地往前走,决不把伞打开。就连黑色西服的肩上已被雨淋湿后都发出一些亮光,只是用山高帽遮一下雨,最终一直到公共汽车站也没有打开雨伞。我觉得太可笑了,实在有些忍不住了,就说道,哎,原来这雨伞确实是不能用啊!尽管是纯种,那种拿着雨伞反而被雨淋的戴山高帽的姿态,岂不令人看上去很滑稽吗?

英国人的思考方式与社会人类学

在19世纪的欧洲,不同领域的学问都得到了令人瞩目的发展,随着殖民地政策的推行,以研究未开化民族为中心的人类学和民族学出现了。暂且不谈这一学术领域中的体质人类学,1930年左右,这一研究,在英国称为社会人类学,在德奥称为民族学,在美国称为文化人类学,这不仅是名称的问题,而且在具体的研究内容上也各有所侧重,到今天,各自的特色已相当地明确。在这里当然不能逐一说明,还是说一下英国。在英国,马林诺夫斯基和拉德克列夫-布朗创立了英国社会人类学的基础。其研究特色是,以田野工作为必须的条件,与其说是以文化不如说是以社会为重点,把社会结构的研究作为研究的中心课题。以为殖民地统治服务为出发点的社会人类学,到了1940年后,作为非常正式独立的学问,牢固地奠定了学术界的地位。随着实地调查经验的积累,社会人类学者在研究的同时,也为独立的理论体系的发展,做出了很大的贡献。现在可以说,社会人类学者并不仅仅是在实地收集珍贵资料的工匠,而是一些非常优秀的理论家。

社会人类学在英国最为发达,涌现出了很多优秀的学者。正因如此,我携带着印度实地调查的研究报告,来到英国。为什么英国的社会人类学比世界上的任何国家都发达呢?这不仅仅是英国在国外有很多殖民地的缘故,而且还与英国人对事物的看法、思考问题的方式有着很大的关系。

首先,社会人类学,说到底是站在视实地资料为非常重要的实证的立场上,积累起一个一个理论的学问。在英国社会人类学的研究中,最有成果的是研究生院的"席明纳"(seminar)。在我参加的伦敦大学政治经济学院及剑桥大学研究生院的社会人类学的"席明纳"上,参加者有2/3已经具有实地调查的经验,有的"席明纳",没有实地调查经验者,不能出席。常被训练的B.A.,或者获得M.A.的人类学的学生,都要在实地调查生活一两年后,再回到英国,在"席明纳"上发表调查的报告。我倒是在新的资料的基础上,参考了过去优秀的人类学者的研究和理论,并进一步对之加以修正,提出新的探讨意见。参加"席明纳"的人员,一般是10~20人左右,除负责的教授外,几乎都是获得博士学位的研究者,他们的田野遍布各个地方,如:非洲、波利尼西亚、澳大利亚、新西兰、加拿大、缅甸、印度等。在这里发表报告的人要经常面对各种各样的批评。在这里学者利用从全世界各地实地调查的各种信息,来讨论方法论的问题。另外,学者介绍完自己的资料和方法论后,会提出自己用这样的方法来做的研究,为什么不能很好地解决问题呢?如果这样尝试一下会怎样呢?对于这些,这些专家都会发表有益的建议。这些问题,我在自己的田野工作中也是存在的,通过他们的指导和有益的帮助,我能比较好地处理我的研究。

在"席明纳"上,提问的时候,要求提问者一定要对其提的问题有自己的思考。单纯的提问是不被允许的。此外,非常强硬地坚持自己的观点,甚至与"席明纳"的主题相偏离,也一定会引起教授的注意的。在"席明纳"上能学到对新的资料和问题如何进行思考的方法。在理论的形成之前,应该说是一个非常痛苦的时期,在"席明纳"上提出以后,我马上就明白了英国人的思考方式。

另外,即使在讨论中,例如,如果我提出了一个黄的理论,而持青的理论的某位学者,为了理解得更深,会站在绿的立场上来讨论,进而寻得共同的立场。这样,基础面会很广,思考的方式也具有很大的弹性。而且,英国人的思考方式在非常实用的同时,又显得非常的严密和冷静。这种讨论方式是英国人最初使用的。他们常常以经验的事实为基础,绝对不会空谈理论。反对他人的理论时,一定要有实证的资料,在此基础上来发展理论。与英国学者的讨论是非常有意思的,并具有一定的建设性,而且也不会知足。那种富有弹性的头脑、富有寓意的思考方式,确实教给了我们很多东西。

英国的社会人类学者在说好的同时,都会提出批评的意见。在指出各种问题点的同时,也会给予严厉的批评,最后才说,从整体上来看,还是非常好的。另外,即使是非常好的论文,也会加上一句,不过我对你的方法论并不完全赞成。

在最近的十年间所出版的社会人类学的研究成果中,非常优秀的著作很多。但是,英国学者是不会彻底地拍手赞成的。所以没有一个学术观点是流行的。不管是什么划时代的东西,还是谁提出了新的理论,英国的学者首先考虑"这不是好的著作吧?"正因如此,在英国没有那种赶时髦、把那种所谓的优秀方法用在自己的研究上的学者。至于像有些学者那样,通过模仿外国学者所做的研究,如愿以偿地成为了学者,过上了安逸的生活,这在英国的学者中是绝对不容许的。

不赶时髦的英国人类学学者们一点也不教条。不管是多么优秀的学者,也决不把自己的研究、方法论视为绝对的东西。虽然他们也非常自信,但是他们也常常在修正、发展自己的观点。这些大学者的态度非常明确,就是要给不断涌现出来的优秀的年轻人类学者机会。而且,大家对这些优秀的研究者承担的责任和义务一点也不少。正因为学界的这种风气，才造就了今天非常出色的英国社会人类学。与此形成鲜明对照的是欧洲大陆学界，这里虽然也有非常优秀的学者，不过，在他们的下面，常常没有能继承他们的弟子。

每个学者在具有很强的个性、强烈的独创性的同时，常常也很虚心地听取其他学者的意见，探讨有关的研究，在实证的基础上，展开对有关理论的认识，一点也不流于形式和教条。能这样做的确实是英国，正因如此，我们看到，在英国以庞大的实地调查资料为基础的社会人类学所取得的如此丰硕的成果以及不断发展的态势，完全可以说是理所当然的。这就是使经验哲学、议会政治得以发达，而且对殖民地的统治取得成功的英国人的特质。

这种特质在政治、社会、学问等领域中，常常不是摇摆不定的，而是具有非常牢固的强劲势头，这种特质也是所谓英国强盛的基础，不过超凡的天才学者和艺术家并没有出现，相反取而代之的是逐渐出现的独裁的危险和遍布社会的一种流行和主义。不过，总的来说，英国是一个朴素无华的强国。

六　罗马

藏学和圆形竞技场

我在英国写完社会人类学论文，中途在巴黎逗留了两周左右，后乘飞机去了罗马，目的是为了跟藏学的世界权威——土齐教授学习藏学。

对我来说，离开每天大雾霭霭、寒冷的伦敦，以及寒冷的大陆性气候使七叶树已彻底凋落的巴黎的灰色世界，来到的罗马真可谓是天国。这里有清澈的天空、暖洋洋的太阳，街道上的行人身穿各种各样的鲜艳服装，形成了多彩的色调。与维多利亚时代的色彩浓重的英国和中世纪时代的狭长小道或者经过拿破仑时代重要洗礼的巴黎的潇洒相比的话，罗马给人一种非常强烈的古代的伟大之感，这种古代的伟大与二次大战后所建的现代建筑非常和谐漂亮地交叉在一起，在南国阳光的沐浴下，完全是另一个世界。

六 罗马

藏学专家土齐（Guseppe Tucci，1894—1984）

课程就在土齐教授的住所——一处现代的罗马多层建筑中进行。走进这处居所，可以看见用西藏和印度的日常用具装饰得琳琅满目的客厅中，蹲着一只藏犬，在用四个房间连成一体的宽敞的书斋中，和西藏有关的书堆得满满当当的，从桌子上、收音机上到西藏的绒毛毯上，有关东洋学的书和论文都在那里摊开着，连落脚的地方都没有。我一直往里走去，这时正在工作的教授，从写字台上抬起头，用意大利式的微笑欢迎道："你好，中根小姐。"土齐教授一年有一半的时间是在尼泊尔和中国西藏国境上的调查中度过的，剩下的一半时间在罗马精力充沛地从事研究工作。这些工作涉及文献研究、完成调查的报告书、编写罗马大学的讲义，他还兼任远东中东研究所的所长等，在如此繁忙之中，他却为我抽出了个人教授的时间。实际上即使在解读教材时，从政府、大学来的电话也从未间断过。伊朗的大使、尼泊尔的大臣、美国的语言学者、法国的佛教学者等，从世界各国来的访问者亦络绎不绝。

土齐教授虽然身材短小，但已有几次在西藏一带探险的经历，经受住了各种考验，看起来他是一个精力充沛、很富有魅力的学者。尽管已过60岁了，但他的瞳孔如同少年一般炯炯有神，他是一个了解东方神秘面纱的热情的意大利人。从他脸上富有个性的深深的皱纹中可以看出，他在对自己所从事的学问孜孜以求的过程中，具有一种能够击退所有困难的无畏精神，他是一位有自己的理想并能够付诸实践的学者。

学术上的探求尽管是一个庞大的工作，每天也丰富多彩。但是，教材的阅读方式，是连一点水分都没有掺杂进去的，非常慎重和严密。解读到困难的文章，一篇有时要花很长的时间。当他发出"嗯"的声音后，沉思于藏文时，我感觉到先生的脑子在快速旋转，似乎听到了旋转时发出的吧哩吧哩的声音。在藏学中，不管是语言学还是文献学，仍然是处女地，现在很多致力于藏学研究的学者，已强烈地认识到了这一点，这也是我学习的动

六　罗马

机所在。

不久,我们约好的时间快要结束了,绕道来访的外国学者被请到了一个房间。这时,先生笑着与我道别。走出先生的家门,外面正值悠闲的罗马假日。

我的罗马生活,几乎都是和土齐教授在一起度过的。因为一周两次或者三次在先生那里上课,我要为此而准备,即使拿出剩下的所有的时间,都不够。不过,我很喜欢罗马,当然也有像别人那样去吃、去聊天、去散步的时候。

我去罗马的时候,正是1956年的除夕[①],我出席了日本大使馆的新年庆祝宴会,第二天开始,我就必须找房子。自从到欧洲以来,半年的饭店生活,我已过腻了,想在一个安静的地方租一间房子,自己做饭。按照报纸的广告和有关介绍,我走遍了罗马的各个角落,最终,在罗马中央车站的附近找到了房子。我决定第二天就搬过来,总算是松了一口气。此时,我首先想到的就是去参观一下古代罗马的圆形竞技场。在罗马去看圆形竞技场,就和在巴黎去看埃菲尔铁塔一样,完全是一副"乡下人进城"的样子,看什么都新鲜。我虽然不能容忍自己表现得就像个乡下

---

① 日本把元旦的前一天称为除夕。——译者

人，不过对于在全世界的机场广告画中，均可见到作为罗马象征的著名的圆形竞技场，不首先一睹为快，不知为什么心里总觉得很难平静。

从站前乘电车5分钟左右，当接近圆形竞技场时，我不由地为它那种迎面而来的恐怖和庞大所震惊。我在离圆形竞技场最近的地方下了电车，伫立在被西斜的太阳投射出的浓浓的阴影笼罩的入口处，切身地感到对这一令人仰视的伟大的废墟产生了一种难以形容的满足感。离开印度以来，我深深地感到有很久很久没有接触古代了。虽然在街道的正中，但是成为废墟的圆形竞技场却寂静得有些恐怖。从公元72年到公元80年，圆形竞技场由12000名犹太教教徒的奴隶建设完成，这也是从共和制末期到公元5世纪初，征服世界、过着非常奢侈生活的罗马人用力士的汗水、猛兽的血筑就的忘我的狂热的梦幻般的遗迹。在这里，马上令人联想到的是古代的狂热，转了半圈后，在外面正是君士坦丁凯旋门。穿过它前面的宽阔的道路，正对着在我看来是罗马的宗教建筑中最漂亮的维纳斯和罗马的神殿。登上神殿大理石的台阶，坐在大理石圆柱的底下，你会对矗立在夕阳下的圆形竞技场产生无限的伟大的遐想。它使我呼吸到古代罗马的气息，吸引我去享受两千年前的岁月。正如巴依龙大臣对圆形竞技场所咏叹的那样："圆形竞技场的全部，正是罗马繁荣的象征,当圆形竞技场崩溃时,罗马也就灭亡了;而且,就是在罗马灭亡之时,世界的末日也就到了。"

待在冰冷台阶上的我,从对罗马圆形竞技场的感怀中苏醒过来。猛然间,一切都是现实的,如果一定要住在罗马的话,那么我就想住在古代的罗马中,朝夕眺望这座圆形竞技场,度过每一天,该是多么幸福的事啊!接着,在这个废墟的周围,我找到了好像有现代人居住的建筑物。在圆形竞技场的北侧,有一段比较高的地方,靠近乃劳宫殿、道姆斯·阿莱阿遗迹一带,有一幢非常引人瞩目的五层楼的浅茶色的大厦。那里一定有人住。如果能在这里租一间房该多好啊!看着这座大厦,我有些急不可待,快步向着这座在夕阳沐浴下的很现代的大厦走去。穿过围着圆形竞技场的宽阔的汽车柏油马路,上到10米高的一个地段,就是电车线路。再稍往高处,就是那个大厦的入口。在其入口的右端有一自助餐厅,也卖香烟和饼干。

在这里,如何才能了解到我想要的信息呢?我尝试边喝咖啡边向自助餐厅里的老大爷打听有关情况。我在柜台要了一杯意式浓咖啡。中年的男客人有两位,穿着白色外套的老大爷,一边准备着咖啡,一边非常有兴致地和客人聊天,在这种情况下,我实在没有勇气打断他们。卖香烟的女老板,让你感到一直在卖东西,我找不到一点机会。这是因为,首先这是我刚来意大利的第三天,我连一句意大利语都不会讲。从这里人的表情看,似乎一点都不会讲英语和法语。我怀着一种没有希望的心情,喝完咖啡后,马上默默地离开这里。而且,有两次在那个大厦黑暗的入口前徘徊。怎么也没有进去的勇气。想起来真是可笑。我一边在笑自己,一边来到电车的停车站。结果,等了半天,电车还是没来。哎,既然如此,不如再去看一下,我心里思忖着。我又来到了这座大厦的入口处,踏入了黑暗的楼道之中。

从入口处向右拐,有一面积大约有一坪①的看门人的房间,在接待外来的客人时,窗口的玻璃是打开的,一位很胖的意大利中年妇女正在收拾洗干的衣服。我鼓足勇气用英语问道:"您这里出租房子吗?"为了更有自信,我使用了最自信的外语。不出所料,她一点都没有听懂,她不知所措地红着脸,一边用两手把披肩往紧拢了一下,一边对我大声说着好像是:"什么事?"之类的话。我有点丧失了勇气,再一次很小声地用法语说了一遍。她还是做了一个没有听懂的姿势。哎,该怎么办呢?我一点也不懂意大利语。

"卡迈拉",这是我昨天从广告上记住的,这是我唯一会说的一句意大利语。"卡迈拉"就是"房间"的意思。这位妇女这次

---

① 一坪=3.3平方米。——译者

罗马的圆形竞技场及周边

用意大利语"卡迈拉"反问我,她说话声音很大,似乎在问,您究竟有什么需求呢?不管她怎么大声地对我说,但我还是不明白。

正在这时,从上面的楼梯下来了一位老太太,和守门人说了一两句话。而且从看门人那里,开始知道我的存在,她通过黑帽子的网眼,用友善的眼光直盯盯地看着我,

"你懂法语吗?"

啊,完全有救了。她不是讲的法语吗!我马上又来了精神,用法语说道:"这个大厦里有空房间吗?我是从日本来的,现在想在这里找房子租。"

老太太明白了我的来意,马上用意大利语对看门的妇女说了几句,反过来对我说道:"和我一起住可以吗?"

"哎,是一起住吗?"

我不由地叫出声来。和意大利的老太太一起住。

"对,当然,房间是各自分开的!"

"哎呀,那太好了,你有空的房间?"

接着她又说道:"正好,和我一起去看看。"

这样,就剩下了表情已经平静下来的看门的妇女,我随着老太太往上走去。我怀着强烈的好奇心,跟在老太太的后面。大理石的台阶,正中间已经磨得有些低了。到了12节台阶左右,有一个很小的、大理石的楼梯中间的休息平台,从这个台阶折过

去,再爬12个台阶,就到了二楼。两边有四个标有号码的巧克力色的门,两侧都有很大的窗口,确实非常漂亮。她又接着往上爬,到了三层,她喘着气看着我说道:"还没到呢!"

"还没到。"她又在前面往上走。

她全身黑色装束。帽子、外套、袜子、鞋子、手提包等都不例外。她上楼梯时,总要耸耸肩,穿黑袜子的脚从长长的外套中突然就露了出来。从后面看她那样的连续动作,就好像魔女似的。细脚往外一露,两肩非常明显地耸起,脖子也缩在里面。三步并作两步急匆匆走的样子,不禁让人想起已经捕捉到了猎物、非常高兴地返回洞穴的魔女的那种急不可待和可怕的笑容。

想到这儿,我刚才的愉悦一下子就消失了,开始变得胆怯起来。看她到四楼还没停下,就联想到她会把我引到怎样的魔窟呀!此时,我心里首先想到的就是马上逃走。尽管我在印度的热带丛林中,曾经平安地逃出来过,然而来到罗马还会如此吗?首先,不论从哪一点来看,我现在完全陷入了迷茫的境地,在这里谁都不认识。我要是被她那魔鬼的拐杖一挥的话,真会变成小羊,我这时感到就好像在森林中迷路的小女孩一样。心里确实很害怕(我在少女的时候读过的、听过的关于魔女的故事中的魔女,全部都是西方的老太太。东方的老太太没有被描写成魔女的。一定是小时候,这些装入我脑中的西方魔女故事,来到罗马后,突然以此种形式出现在我的眼前了)。在现代的罗马,在这个文明国度里,怎么会有这种事呢?我非常强烈地否定了我的多虑。就算是有,我也只有跳进去别无选择。我常常在我不熟悉的地方、不熟悉的人中,尽管感到很危险,但我还是想进入他们的生活,以命运为赌注。

到了五楼,她在一个门的前面终于停了下来。一边哈、哈地喘着气,一边从黑色的包中,找出了钥匙,往里一插,门终于开了。里面非常地暗。她赶紧进去,打开门,直直地往里去,拉开窗帘,打开玻璃窗,拉开百叶窗。外面的光线一下子全部进到屋里来了,这不正好是和圆形竞技场一样高的地方吗!我走到窗前,向外望去,一看到圆形竞技场,心里面的担心马上就消失了。这是我在罗马所能希望的最好的条件。在圆形竞技场的下面,汽车像蚂蚁一样地穿来穿去。君士坦丁凯旋门位于一处非常美丽的位置上。向下俯视,终于,看到了我刚才坐过的维纳斯神殿的台阶,这多么令人留恋啊!

她一边听我说着自己,一边又打开紧挨着的下一个房间的窗户,以及紧连着这个房间的又一个房间的窗户。第三个房间南面和西面都有很大的窗口,从西面的窗口望去,能看到与那个维纳斯神殿相连的古代罗马的中心市集遗址,在其后边,在晚霞的照射下,能看到骑着四匹马的阿婆罗神的影姿,这就是Vieto-

六 罗马

Emanar塔。从这里向远处望去,罗马的街道已沉浸在朦胧的夜色之中。特别引人注目地呈现在眼前的是萨皮艾套路寺院的塔尖。这是多么美丽的夜景,这就是罗马,我梦中的罗马。

她完全又回到了初次见面时的那种看起来非常善良、有修养的老太太。

老太太好像很满足地说道:"你满意吗?"

随后又补充道:"从这里望出去很漂亮吧。"这间房里,西面的屋是餐厅,有一张可供8个人用的玻璃饭桌,在墙的一面放有非常现代的餐具的橱柜,对面在鸡尾酒的架子上,摆着很多葡萄酒的瓶子。在刚才经过的第二个屋里,有床和西服柜,而且,还有很大的桌子放在正中间。这时老太太说道:

"这是我女儿的房间,现在她正好去了阿拉斯加,如果你想用这个房间也可以。下面那个客厅你也可以随便使用。"

放床那屋的北面的门也开着,她又把我带到西边的厨房,补充说道:"这里可以烹调。"

这是一间用很多大理石装饰出来的、与起居室连着的厨房。

这时,我不由地问道:"那你的房间在哪里呢?"她说道:"在这边。"说着将厨房旁边、与走廊尽头洗手间的门成直角的白色的门打开一点。我看着她从很细的入口处,进入到黑暗的房间,在入口的旁边摆着一尊玛利亚的像,此时,她正好伫立在玛利亚像前划着十字。

　　啊,那时我的安全感用笔墨和言辞是难以表达的。在我目睹了这里的一切之后,我现在非常清楚地认识到她不是魔女,而是天主教徒。如果让我通过她来换得如此漂亮的观景的话,即使她真的是魔女,恐怕我也不会逃走的。不过,真让我高兴的是,她在玛利亚前划十字的祈祷!过一会儿,她抱上一只大的黑白相间的带斑纹的猫,她的脸贴在猫上,猫叫着"咪咪"。在这个单元不只有她,还有一个生命(猫)"咪咪"的叫声,更进一步给我以说不出的安全感。

　　她大概让我看了一下家里的东西,然后隔着桌子与我面面相对。她有许多问题,诸如,我来罗马到底做什么?待多长时间?我是怎样一个人?等等。就好像我不了解她一样,对于她来说,我这个东方人更是一个她完全不了解的人。我开始告诉她,我来留学的目的,当我说到我在接受土齐教授的个人指导时,她大叫了一声:"啊,葡劳法撒·土齐。"她看着我非常高兴,一下子就放心下来。太好了!葡劳法撒·土齐的伟大,就连她都知道。实际上,在罗马,大学教授拥有很高的社会地位,其中,土齐教授作为西藏的探险家、大学者,是一位令人亲近、令人尊敬的人。之后,只要有熟人来,她常常都会和这些人说:"我家里住的这位小姐,是跟葡劳法撒·土齐做研究的啊。"显得非常自

六 罗马

豪。而且,葡劳法撒·土齐的名字,对于我的身份保证,发挥了非常重要的作用;就像我看见她划十字一样,她以葡劳法撒·土齐为基础,接受我的一切,租借房子的事宜非常顺利地就拍板了。她在租房上是个外行,完全由我来定多少钱,而我也很难定下来。于是,她似乎还有些不好意思,拿出了便条纸,在上面写到一个月一万五千里拉。这是我在上午所租房屋价格的二分之一。

我非常高兴,约好第二天就搬来,我和她告别后,非常轻松地下了刚才的楼梯。我甚至感到罗马就像成了我自己的东西那样,非常高兴地走在罗马街头,去了刚才租房子的那家,解除了合约后,去了歌剧院附近的一家餐馆。要了一些葡萄酒、细面条、小牛肉的料理,一边听着意大利音乐,非常愉快轻松地吃完晚饭,过了维阿·那齐奥那莱街道,就到了埃斯道拉广场。我散步在漂亮的喷泉周围,不时体验着喧闹的罗马夜晚的拥挤,听着不时传来的意大利语,听着流畅、动人的音乐,我按捺不住地喜欢上了罗马。

从流连忘返的罗马的街道回到旅馆已是10点左右。服务员交给了我一封天蓝色的从英国寄来的航空信。这是剑桥大学的一位先生寄来的,在很短的信的最后写到:"I hope you enjoy yourself in Rome. I feel sure you will fall in love with the place!"

（希望你在罗马过得愉快。我想你一定会眷恋这个地方的。）这位先生是一个典型的英国绅士，很少谈感情之类的话，对社会人类学的方法论，他讲起来可谓一丝不苟，他能这样写信，确实说明了罗马的魅力所在。是的，正如先生所想到的那样，我确实开始眷恋起罗马来了。

罗马的日子

住在圆形竞技场前的尼考拉·萨鲁乌依（我所找到的那个建筑物所处的街道）的我，从那天开始，就决定必须拿着英意、意英词典去买东西。店里的人们非常亲切，一不明白，我就翻词典，即使在这个时候，店里的服务员也面带微笑地等着我。诸如像蔬菜、肉类及其他调味料等，在欧洲来说，罗马的物品种类之丰富非常令人吃惊，好吃的东西非常多。我跟着房东希尼拉学做各种各样的意大利料理，这一段日子过得非常愉快。过了一周多，希尼拉完全从法语切换成意大利语，我除了跟土齐教授上课外，不管是在外面还是在家里接触的都是意大利语。经过两三周，我渐渐地记住了一些意大利语，在食品店和肉店，认识我的店员们常常鼓励我说道："哎，小姐，你越来越能讲意大利语了。"其实，我买东西时，一有语法上的问题，旁边的人就微微一笑，来纠正我的错误。意大利语中因为有很多和英语、法语中相同的词汇,只要将其转换成意大利语的发音就可以了,并且其发音母音多,所以对日本人来说容易听懂,发音也容易。而且,我为了买到便宜的东西,必须要以意大利式的方式来讲价,所以也迫于需要,到了三个月的时候,大体上能自如地讲意大利语了。

　　语言一通了之后,希尼拉也开始发些牢骚、找些碴儿。不知为什么,意大利人不会顾虑那么多,所有的事情都是直截了当,喜怒哀乐非常强地表现出来。她有一次回家时发现走廊上有水,这本来是猫拉在走廊上的,她硬说我不小心把水洒在这里,我和她说,这绝对是菲菲(猫)干的,而她却强词夺理,说菲菲非常利落,在走廊上撒尿那种事绝对不会做。希尼拉的嘴就像机关枪似的,用意大利语责备着我。这才让我切实体会到意大利语表示爱憎的语汇惊人地丰富。我从学意大利语开始只有三个月的时间,语言的表述还是非常贫乏,在这种场合下,我完全是输家。我一听完这种恶意中伤的意大利语,非常生气,"叭"地把大屋的门关上,咔、咔地把门上了锁。这样,这次希尼拉才算是输了。打机关枪一没了对手,那是非常寂寞的。过了约10分钟左右,用猫似的声音敲门叫着"西鸟丽娜、西鸟丽娜(小姐、小姐)"。我正在气头上,也没有开门,不一会儿,从门下的缝隙塞进一个白纸条。我一看,上面用意大利语写到:"那水,确实是菲菲撒的。"我觉得很可笑,仍然没做任何反应,一边读着藏语,一边眺望着圆形竞技场。过了约30分钟,她又叫到:"西鸟丽娜、西鸟丽娜,请开门,我给你拿来了很好吃的点心,快吃些吧!"我终于心软了下来,与她修复了关系。确实一个人住着,非常非常寂寞。遇到吵架厉害的时候,我如果不断地说"搬出去"(实际上,也是完全没有别的目的),她就赶快说:"再给你便宜一千里拉,求你了,别那样做。"有时,有客人在时,门也就那样开着,希尼拉的说话声不时地传来。

"我家里住的这位小姐很与众不同,一吵架马上就把门关上了。"

我觉得真滑稽,实在难以忍受。意大利人吵架的双方互相都像机关枪似的非常厉害地回敬对方。而且,逐渐地夹进来很多歪理,双方不由地觉得很可笑,终于都笑出声来,这样战斗就结束了。如果不这样做,吵架就好像不值得,像我这样把门关上的做法,令对方不知所措。其实,从我的观点来看,吵架的开始,决不是利他的,而意大利人把吵架要不断地夸大、装饰,在他们看来,最后的结果好像是一件非常愉快的事。

总之,意大利人的感情的表露是很外在的,不管在店里、来往的车上,还是电车上,都非常喧闹嘈杂。有一次,我从访问地乘齐鲁考拉莱(环绕罗马的市内电车),坐了半天也没有到圆形竞技场,向旁边的人打听后,才知道坐反了方向。我周围的人都说,从下一个车站换乘车最好。这时,有一位中年意大利人非常热情地说:"我在下一个车站换乘车,到时我告诉你。"电车到了那个车站我们下车后,他带我沿对角线穿过去,走过一个直角,到了电车的停车站。到某某方向去的电车一到,他轻轻把我推到电车里,大声对车里的乘客喊到:"这位小姐要去圆形竞技场,麻烦你们关照一下!"大约过了10分钟左右,就看到圆形竞技场了,不过和平时去的地方看上去不同,到了出口的地方,电车停下了,门一开,正当我要踏上台阶时,几乎所有的乘客异口同声地喊到"NO",我又吃惊地上了车,一下子变得拘束起来。电车又开动了,下一个车站一到,这回我已经非常清楚了,不过,我周围的人还是七嘴八舌非常喧闹地对我说:"哎,就是这里,就是这里。"意大利人非常热情,不过其表现方式与瑞典人、英国人有着很大的不同。

最让我吃惊的是,电车上的乘客毫不介意地和司机聊天,显得其乐融融,只是让人感到奔驰的电车非常吵闹。电车突然地慢行下来,我觉得很疑惑,再一看在电车道附近的步行道上,走着一位漂亮的小姐,司机看这位小姐看得入迷了!

看女人看得入迷,在罗马好像是一种爱好。这是怎么回事呢?在罗马的街上,经常能看到一些男子游手好闲地站在那里。如果有一个女人经过那里,他们就兴高采烈地入迷地看着这位小姐,不断地喊着"真漂亮""真可爱"。而且,之后,他们一边看着她们的背影,一边开始品头论足,这位小姐漂亮不漂亮、服装好不好看、姿势如何等等,这些男人谈论得非常高兴。有一次我正在人行道上行走,突然富依阿特(类似于意大利的陶姚百涛,轻便性能好又非常时髦的一种国产车,占罗马车的大部分)在人行道附近行驶过来。我猛然一看驾驶室,开车的男人笑眯眯地和我打招呼道:"早安,小姐。"然后"唰"地就把车开走了。令我惊讶的是,尽管旁边坐着一位小姐,但这位男士仍然满不在乎。

刚到罗马的时候,我对这些罗马人的礼节苦不堪言,在这种情况下,该用怎样的表情来回敬对方呢?有一天,我正在考莱-奥仳奥公园散步,一位骑着小型摩托车的男士,正到处靠近三三两两散步的年轻女子,不一会儿又凑到另一帮女士的旁边,并不时地能听到一些叫喊的声音,就像蝴蝶从这一片花飞到另一片花一样。而这些被接近的女子的表情,看上去好像有些害羞,尽管如此,她们好像比较高兴地非常客气地报之以微笑(除此之外的反应没有)。我这才明白原来遇上这样的事情,应该如此对付。有一次,我问意大利的男士:"如此长时间地看着女人,又叫又喊地,这不是很失礼吗?"这位男士不假思索地答到:"看漂亮的东西,那是在观赏,怎么能说坏呢?看着绽开的美丽的花朵,谁不会为之高兴,这对于人类来说难道不是很自然的事情吗?"确实,罗马的男士们，完全没怀有野心和恶意；观赏美丽的东西，并不会具有恶意。就连在肉铺，如果你穿着新的西服一去，卖肉的男士会一边包着肉，一边笑眯眯地搭腔到："小姐，你真漂亮。"（现在，以此表示欢迎）不管你是购物还是在自助餐厅、饭店，甚至走在路上，都会遇到这种情况，所以，在罗马无论你走到哪里，都会有一种轻松愉快的气氛。

在罗马我特别喜欢的是教堂。当夕阳西下的时候，如果漫步在罗马的街上，脚下发出的咔、咔、咔的声音和教堂里传出来的钟声在古老的街道上交织在一起，此时此刻，令人感到在神的面前恭恭敬敬的人类的丰姿是如此的美丽。在伦敦、巴黎也有过这样的感觉，我就在教堂的钟声深情地沁入在街上匆匆而过的忙碌的都市人的胸中的那一瞬间，不可遏制地切身体会到欧洲的美丽和魅力所在。

在我住的尼古拉·萨鲁乌依的附近，有很多古老的教堂。在附近的维纳斯神殿的后面，有一个很小的教堂，从那里可看到 ForoRoman 的遗址，经过据说是墨索里尼建的把圆形露天竞技场和威尼斯广场连在一起的全罗马最漂亮的帝国大道，登上卡皮托尔山，有罗马时代的贵族和罗马人的教堂，即著名的阿拉秀丽教堂。刚搬家的那个星期天，希尼拉带我到阿拉秀丽。作为奥嘎斯塔斯祭祀"太阳之子"的神殿阿拉秀丽，进入基督教时代，就变成了教堂，其外部是用古式的砖瓦所建，里面的墙壁、地板都是用大理石铺出来的，天井上装饰着非常漂亮的文艺复兴时代的绘画，里面恰好正在做弥撒。在祭坛上点着数不清的蜡烛，信徒们用拉丁语念念有词向神祈祷，前来参加的人都默默地低着头。弥撒从早上开始要重复很多次，好像不管什么时候来，都能参加上一次弥撒，所以每次弥撒一结束，又有一批人进来做弥撒。我因为第一次到意大利的教堂，心里也确实为那种庄严和用拉丁语向神祈祷的场面所震动。

从住的地方，过了马路的北边，从考莱奥皮奥公园出来，就能到达著名的13世纪镶嵌式的圣女玛丽亚玛基莱的教堂。在圣女玛丽亚玛基莱教堂和阿拉秀丽之间，还有几个小的教堂，晚上我出去买东西，拿着装有大米、面包、奶酪、肉和蔬菜的袋子，路过那里时，我不由地为从教堂里传出来的美妙音乐所吸引，拿着东西就进了教堂。在罗马，教堂不是只在礼拜天才能进去，时间不受任何限制，想什么时候进去都可以。我尽管不是基督教徒，不过美丽的教堂的大门就好像有一种磁力似地吸引着我，我以一种非常闲逸的心情，推开了教堂的大门。就在进去的瞬间，有一种难以形容的心情。里面的人们都非常专注，丝毫也觉察不到他人的存在，只有那种非常专一的虔诚的愉悦从他们的眼神中流露出来。每个人都说和上帝在一起，这在日本是怎么也

六 罗马

想象不到的,这是一种非常令人陶醉的氛围。教堂很暗,显得非常庄重但又不失豪华,加上神甫们来回走动的那种动感,使得这种氛围非常地雅致,而那种朗朗的祈祷声,愈发吸引着我们非常虔诚地陶醉在这一氛围之中。接着,该精彩的合唱了!因为我不是天主教徒,所以不知道该如何祈祷,然而,我站在那里,不知为什么从内心深处沉浸在幸福之中,不断地祷告感谢上帝,不由地祈祷今天的幸福,以及研究能得以顺利地进行,并且祈祷要竭尽全力诚心诚意地度过每一天。

这使我想起了与此相类似的令我陶醉的一个场面,那还是在我去遥远的印度时的事情。那是我在南印度的旅行途中,去马道拉寺院参拜时的事。我去的时候,东方的天空已透出了鱼肚白,我裹着纱丽,赤着脚,钻进了非常森严、刻满各种雕刻、高耸的寺院大门。这个马道拉寺院,是印度的印度教寺院中最大的一个。这里面就像一个街道,卖各种祭具、供物、土特产品的店很多(这是我在前一天晚上来的时候所熟知的),从这里过去,绕过一个回廊,就能听到远处僧侣们的梵语祈祷声。在用石头做成的这一寺院的内部,就好像一个大的洞穴。经过一个祭坛前,再往里进去,在有很多柱子的宽阔的房间,拂晓的白色的光线正好从小窗户中直射进来,仔细一看,和罗马教堂的内部很像,在墙四周有很多祭坛,在祭坛的前面,人们都在各自做着祈祷。在朝阳下,半裸的僧侣正在朗朗地用梵语祈祷着。那种声音是何等的美妙动听。我还没搞清在哪个祭坛前叩拜,此时,柱子周围已弥漫着非常浓的印度线香的香味,我沉浸在那种祈祷声中,很快就忘记了我自己。过了一会儿,三五成群的人们,又往更里面的方向走去,我同样跟着他们往里走,此时,很多的人汇集在那里,在这个寺院的最里面有一个祭坛,两米多高,有四五个僧侣正在那里忙着摆供品,做祭祀前的准备,另外一些僧侣在那里祈祷诵经。本尊(主佛像)被帘子遮着,什么也看不见。不一会儿,准备好后,有10个左右的僧侣,开始一起高声用梵语祈祷起来。人们的眼睛一动不动地注视着祭坛,祈祷的声音渐渐地高了起来,我想这可能是高潮即将到来的时候,此时,"啪"的一声,帘子落了下来,耀眼艳丽的女神,在数百只灯光的照射下,好像露出了微微的笑容。人们此时都发出狂喜的声音,沉浸在出神的境界之中。我在那里所看到的,正好与天主教的弥撒相类似,也是重复很多次。在那里作为异教徒的我,有一种难以言表的、令人非常快乐之感。僧侣们的诵经与罗马的神甫用拉丁语祈祷很类似,确实给人一种心旷神怡之感。我在其中不知不觉发现自己也开始祈祷起来。

在日本,我去参拜过以伊势神宫为代表的各种神社佛阁(也有教堂),从未有过在马道拉和罗马那种激动的感觉。在神殿、佛像前祭拜的我,总感到背后有人在看着我,拍手的时候自己好像也有那种不很投入的感觉。我在这里不想就宗教发表议论,只是想把我在意大利以及在印度等地对于宗教的体验谈出来,当然也说不上是知识,不过,就是在这种体验的过程中,我好像真正感觉到了一些宗教的本质。这同日本人和瑞典人对于"宗教"的感觉完全不同。这既是血液的不同,同时也是民族的、社会的能量的应有状态的不同的问题。

啊,罗马

1957年夏,我在罗马的最后一个晚上,是和安东尼奥度过的。从尼考拉·萨鲁乌依接着往东,在考莱奥皮奥公园里有一个叫"汤姆斯·爱莱阿"的餐厅(这里很久以前,是耐劳的宫殿,是汤姆斯·爱莱阿待的地方,所以,这个餐厅用此名),在这个地方,就在一个被伞形的松树所遮盖的饭桌前,我们一边听着乐队演奏的纳庞莱塔那曲,一边吃着告别晚餐。安东尼奥专攻罗马大学的科学,是即将毕业的学生,他的额头很宽、鼻梁很高,就像雕刻出来的,眼睛大而又深,显得非常有热情,嘴唇小而紧闭着,是典型的罗马人。

这是我在意大利的最后一餐,我一边用刀叉卷着意大利的细面条,一边说:"明天的这个时候就在雅典了!然后,两周以后就在东京了。"实际上，四年间，诸如回国之类的想法好像几乎没有进入我的脑袋里。我不断地被一个又一个的研究所吸引，不断地等待着在未知的土地上的新的工作。而现在，在罗马，开始180度的大转弯，要回国，甚至，回国的事情一决定下来，就好像是心潮澎湃，开始非常思念东京的老师、朋友、家人，那是一种急不可待、难以忍耐的心情。在安东尼奥面前，我的心早已回到了东京。

"马上就要回到东京了，你一定很高兴吧！"

安东尼奥想象着还没有去过的东京。我从他那种谨慎的语言和眼神中能看到他对异国的兴趣，从中可以看出像13世纪的威尼斯商人的儿子——马可波罗对东方所抱有的那种憧憬。那是一个豪华的东方世界。像英国人那样所持有的作为统治对象的东方的贫困、落后的印象，是19世纪欧洲人的普遍认识，而在东方没有殖民地的意大利，意大利人却不那样认为。在他看来东方是带有神秘面纱的异国。只知道诸如罗马、威尼斯、佛罗伦萨、巴黎这些豪华都市的他，对于东京的想象非常地丰富，对于东方有一种色彩斑斓非常奢华的想象空间。安东尼奥把宽广的、杂乱的、历史不长的现代高楼大厦林立的东京，看成像北京、印度的那样的地方。对于京都和奈良，安东尼奥略知一二。不过，我尽量不去打破安东尼奥的美丽的东京之梦。

我咂着嘴吃着烧烤的带有辣味的小鸡肉,抬头一看,穿过安东尼奥怡人的栗色的浓浓的头发,看到圆形竞技场。我马上就要和我每天见到的圆形竞技场告别了。突然间,在我就要离开罗马时,我感到胸中隐隐作痛。就要和这块土地惜别之际,这里的一切显得格外美丽。

到了上点心的时间,我们吃完水果时,传来了凯拉拉的曲子。安东尼奥邀请我跳舞。他用意大利式的颇具特色的跳法,跳得特别好。

"经常去散步吧。卡皮桃立那的山丘,坦白鲁河畔,包鲁盖塞公园。"

"维阿阿皮阿。"

我在访问维阿阿皮阿的库奥帕地斯教堂时,我不相信以基督教的复活为主的一连串的奇迹,这在科学上到底该如何说明解释呢?我追问专攻科学的安东尼奥,他直直地看着我说:"我相信。"此时,我发现,我与在我看来非常亲近的朋友之间有了一条鸿沟。我在安东尼奥那种非常虔诚的面孔面前,感到自己好像确实是一个轻率的、浅薄的人,有时我好像能体会到天主教徒的那种深不可测的魅力。

"在奈米的湖畔,能看到那里非常美丽的日落。"

"奥斯恰安特卡"

这是公元前4世纪开始到罗马时代的商业都市，曾是罗马的门户，街道非常发达，不过现在已是废墟。从罗马乘郊区电车，约40分钟，就到了特菠萝河口。这里有非常宽阔的街道遗址，当时在这条街上，大路是用石头铺出来的，有下水道、商店、住宅等，就像庞贝的遗址一样保留了下来。剧场的遗址，现在也是学生们经常光顾的地方，他们在那个舞台上非常有激情地表演着，稀稀拉拉来访的人们坐在石头台阶的看台上，非常有闲情地看着表演。在一些豪宅的院落中还留下很多的雕刻，非常有意思的是，两千年以前使用的厕所，现在的旅游者也在使用。

"那天，在比萨饼店吃的比萨，真好吃。"

安东尼奥在这个为松树所遮盖的饭桌前，给我讲起了但丁的作品。他从少年时代开始，就读《神曲》，他为小说中的情景所打动，决心寻找生活中的白阿陶丽卡。对于他讲的这些过去的事情，我一边喝着葡萄酒，一边就好像入醉似的听着。意大利的男士为什么懂得创造如此富有诗意的氛围！这是否是意大利语的缘故呢？

"西鸟丽娜，你明白我们的阿毛鲁（爱）吗？"

安东尼奥好像在这个奥斯恰安特卡的被松树所遮盖的饭桌前还在继续着话题。我却在想着但丁的故事以及白阿陶丽卡，所以，没能及时回答。这时一首曲子正好完了，我们俩回到了桌子边。安东尼奥面对着我,睁着很大的眼睛看着我说道:"西乌丽娜 千枝,你喜欢我吗?"此时,我正好把装有琥珀色的葡萄酒的酒杯放到嘴唇前注视着酒杯,我说:"大概,是那样吧!不过,就连我自己也不知道。"

安东尼奥微笑着看着我的眼睛,长长的睫毛一下子遮住了眼睛,猛地说道:"西乌丽娜,你不爱我,你爱的是罗马。不是安东尼奥。"

如果以此说法来看的话,确实是这样。这使我想起了剑桥大学的先生在给我的信中的话语。安东尼奥还在那儿低语着。"西乌丽娜,所谓阿毛鲁(爱)并不是那样。而是一个人把全部灵魂献给另一个人。西乌丽娜难道你不懂得爱吗?我们意大利人怎样对别人表示爱的……"

爱是非常富有诗意的拉丁文化。我想起来,在复活节全罗马都沸腾的时候,安东尼奥的朋友库拉代依却一直一个人静静地在房间里思念着在拉威那的恋人,不管大家如何劝说他一起参加舞会,他都执意不肯。意大利人对爱如此执着确实令我非常感动。天主教徒的拉丁人们,对于爱有着宗教式的升华的灵魂,就像在神的面前可以虔诚地奉献自己的全部,这一点我深有感触。同时,他们的动作的优雅干练和潇洒以及用来祈祷和表达的意大利语的优美,实在令人难忘。傍晚时分,恋人们漫步在废墟的附近,一边低声细语,一边又在一起拥抱、接吻。这一场面如同绘画和歌剧一样美。这与在日本见到的那种非常土气又不自然的情景,在印度见到的那种浮夸,以及北欧、英国那种极端的行为,表现出完全不同的艺术气氛。把男女之间的本能升华到那种艺术的境界,只有拉丁人才能做到。虽然对于异性的追求,对于性欲的满足是全人类所共有的,但由于民族、文化、历史的不同而有所不同。阿毛鲁和恋爱是不同的,这就如同日本人与意大利人不同,日本文化与拉丁文化不同一样。

安东尼奥低声而又热情地谈论着阿毛鲁。我已不能想起来他的全部话了。正当我们还在谈论这些问题的时候,乐团开始奏起了"再见吧,罗马"的曲子。

真的是"再见了,罗马!再见了,安东尼奥!"

安东尼奥握着我的手,静静地把我的手放在嘴边,说:"欢迎再来罗马。"他脸上泛着微笑。"你一定要回来,还记得咱们一起去特雷维喷泉前,曾投过三次硬币吗?"(特雷维喷泉是罗马最有名的喷泉,人们总喜欢向喷泉的水池扔一枚硬币,据说这样做能使你有机会重返罗马。)他送我来到了铜门的入口处,我们就分手了。经过了久远的历史,今夜圆形竞技场依然雄踞在左侧,君士坦丁凯旋门背负着古罗马的无限荣誉威严挺拔,维纳斯像与罗马神殿的屋顶在夜色中影影绰绰,在帝国大道的远方沉睡着古罗马。

七　归路

对欧洲的乡愁和希腊的发现

我从罗马飞到雅典,大约是晚上9点左右,在雅典街中心的一欧洲式的饭店,卸下了行装。洗过澡后,从连接房间的走廊出去,那里正是非常喧闹的大街,电影院和商店并列在一起,人们非常愉快地在这里散步。我好像也身不由己地跟着人流漫步在街上,到此时为止,我感到好像还没有看到欧洲的影子。在机场首先进入我耳朵的是希腊语,在商店的公告栏上写的都是希腊文字,这些在表面上都会给人一种异国情调的感觉。然而实际上好像并非如此。诸如,人们的服装是欧洲式的、脸型几乎也和欧洲人一样,甚至从脖子到肩部的感觉、走路的样子,一点都没有让你感到他们不是欧洲人的那种"土气"。这令人感到他们是在欧洲的边境。

我对雅典的这种杂乱和喧闹,稍稍感到有些失望,睡觉前我想喝些什么，就到了饭店的酒吧。在我进去的一瞬间，我对欧洲有一种说不清楚的乡愁，进而令我感到一种民族的可悲之处。一年间已经淡忘了的亚洲的悲剧又开始展现在我的眼前。我进入酒吧，在右侧的一张桌子旁，我看到了正在说话的三个男人的背影。我一看，对面座位的那位魁梧的男子，是美国人，在他旁边有两个希腊人。那个美国人如果在亚洲的话，一看就很典型，即是一位专门从事殖民地工作的人。他脸上一半是一种强制的态度，一半是一种蔑视的表情，显出一幅对对方（希腊人）不可一世的样子。而且，他对面的希腊人，也显露出一种典型的常常在和欧美人接触时才有的那种表情。

希腊人尽管混入了土耳其的血统，但在体质、语言上和欧洲人属于同一系统，在地理上也不属亚洲，而且这里还是西方文明的发源地，然而我在此之前没有想到的是，希腊人所表现出的这种姿态。这一点如果考虑到希腊这两三百年的历史，似乎是理所当然的，不过，当我从亚洲人的角度来看希腊的话，所看到的是她的迂陋。

特别是这一年来我一直待在欧洲，完全忘记了与这一类型的人接触的感觉。就是在欧洲之外的人们发生悲剧前，欧洲在现在看来是另外一个世界。实际上，已经看惯了在日本的美国人、在印度的英国人后，第一次去欧洲时，不管你怎样看，欧洲人都给你一种善良之感！特别是美国人在欧洲,有很高尚的谦让的美德,完全是没有一点罪恶感的人们。在我看来,在欧洲人中间,美国人常常呈现出一副安然的样子,而且对很多奇妙的东西,显得流连忘返。

在非常愉快的欧洲之旅中,在很多值得怀念的片段中,常常在我的脑海中回味的,是在雅典一饭店中的一幕以及我从阿姆斯特丹去斯德哥尔摩的国际列车上发生的事情。这趟列车经过荷兰、德国、丹麦,到达瑞典,乘客以瑞典人、挪威人、丹麦人、荷兰人为主,同时还夹杂着相当数量的英国人、澳大利亚人、法国人、西班牙人等,不管你在包间、食堂、卧铺车厢,还是在丹麦船上,我切身体会到了国际化的感受,那种说不出的高兴和愉悦是可想而知的。人们不管是否做自我介绍,常常都会有共同的话题。在这些话题中,谈论比较多的主要集中在,各自不同的人,从自己经历的现实体验出发,来对某一种文明进行批评,各自都以不同的文化、民族为背景,站在受欧洲教育的立场上,非常自信地发言和倾听对方的发言,他们的想法和对对方的那种理解,显得非常地谦和,并不时地夹杂着很多幽默,比较随意而又不失礼节。人们与其说关注谁是哪个国家的,还不如说更为关注着个人的个性、思考方法以及问题意识。而且,在谈话过程中,国民性和民族性这样的话题,就像调味料一样,显得很有些味道。

1984年9月，作者在匈牙利布达佩斯。

人们在某某人前，就是共同的人类。自己在具有自信的同时，对他人也非常尊重和谦让。与此同时，在初次见面时，人们马上就能进入共同的话题，这一点令我非常地吃惊。

在欧洲，很多国家都具有欧洲这一地理上的共同性和基督教文化的共同性，人们已习惯了欧洲的不同民族、不同国家的国民。与民族间的对立相比，这是一个平衡力很强的世界，在这个世界上，国际性的人们之间的接触好像完全是在自然状态下进行的。我去欧洲前就想过，如果各个不同国家的人集中在一起，就是国际性，然而我现在看来，真正意义上的"国际性"的世界难道不是只是在欧洲吗？各国的人处于相同的发展水平，能自由地发表各自的意见，并没有对一些无知和离谱的情结持有偏见，而是处于一种相互理解的状态，这难道不就是所说的"国际性"，从实质上看，这难道不是"国际性"存在的基本前提吗？

我离开亚洲的孤岛——日本，第一次乘坐欧洲的国际列车踏上旅程，这是令我最难以忘怀的经历，在我的欧洲之旅的相册中，占有重要的一页。这里的人非常热情和亲切，例如瑞典那位像金发少女那样的年轻夫人及其学究式的先生，站在走廊上一边吸烟一边谈话的法国人，倾听着日本的事情的维也纳年过半百的绅士，那位带着非常可爱的蓝眼睛女孩子的挪威妇女，以及夹杂着荷兰语、丹麦语、英语、德语等各国语的谈话，听起来就好像是在听音乐一样。当我沉浸在这些回忆中时,那个桌子上谈话的三个人不知什么时候已经离去了。我在昏暗幽静的酒吧里,喝完马提尼酒,就回到了房间。往阳台上一站,正好迎面扑来一阵盛夏的夜风,身心感到特别舒适。然而很快我就忧郁起来。我打开沉重的窗户,躺在了床上,马上就想到欧洲的那些有代表性的事情,那些罗马的朋友、街头巷尾、饭店、意大利语等那种令人难以忘怀的气氛,顿时萦绕在我的脑海中,我虽然已经离开了罗马,但是我对罗马还是流连不舍。

实际上,回味欧洲的生活就好像吃了禁果一般。当然,这也不是单纯地憧憬欧洲的生活水平之高以及艺术和文学等。更为重要的是人的事情。和基督教文化互相交织在一起的各个民族的特殊性,就是从中世纪以来到19世纪,由欧洲的繁荣所培育出来的有文化的、具有一定质量的生活,就像肉食动物那样,形成具有强烈个性的独特的风格,这种特有的氛围,具有一种感人的魅力。欧洲确实是强调人性的世界。

就这样,我在百无聊赖的欧洲"乡愁"的折磨中,度过难忘的一天。第二天,在领事馆人员的陪同下,我上午去了博物馆,下午,登上了卫城(acropolis)的山丘。如果从山丘下往上看的话,在湛蓝的地中海的天空背景下,雅典娜神庙宛如天上的神庙一般，非常美丽地矗立在那里。我由衷地感到，由人类所建造的这座神庙，其造型之美，可以说达到了登峰造极的地步。

　　从现在追溯到2500年前的雅典人究竟是如何来创造这种美的呢？究竟从哪一点上能够得以利用这种美的精神呢？在我看来，世界上无与伦比的这些美丽的建筑中，集中反映了当时人们对神的祈祷，同时这些建筑能被创造出来，完全依托于这个社会非常富有的经济实力的积累。可以说尽管我知道得并不多，不过，在我访问时，我渐渐想起了好多东西。在佛教的遗迹中，有印度的雅加达、艾劳拉，中国的大同云冈；在基督教中，有巴黎圣母院、罗马的圣彼得大教堂；在伊斯兰教中，有伊斯坦布尔的圣索菲亚教堂、印度的泰姬陵；在印度教中，有印度中部的卡久拉豪、印度南部的塞本巴高达等等。所有这些文化遗迹，都是独具匠心的出色的建筑，然而这些建筑如果和雅典娜神庙相比的话，都缺乏雅典娜神庙那种看上去如同仙女夺魂般美的动感。既成宗教的确立，虽然刻画出人类历史上光辉的精神和文明，但是，多神教的希腊人的创造物都被具象化，像这样并不具有那种相对抽象的漂亮的东西，本身意味着什么呢？在我看来，由人类所创造的美的精神其实体的表现，在希腊的艺术中达到了顶峰。这就是2500年后，访问此地，仍令我们如醉如痴，我们的魂就像是被勾去似的原因。我再次被此情此景所诱惑，眼前不时地浮现出生活在多神教世界的人们的形象。在这里你会感到，一点也不拘束、非常清澈的人间精神的跳动，这些在晴朗的、湛蓝湛蓝的地中海上的天空覆盖下，寄托心灵的人们，虽然是少数，然而，在富裕的经济和较高文化的支撑下，使得人类的精神得以高扬，在某种意义上已经达到了非常完美的境地。

登上大理石的台阶，漫步在多立克式帕台农柱式的回廊中，就好像有一种看到巨匠们在一点一点地画、一点一点地刻的感觉，当手摸到雕刻过的大理石的表面时，我深深地感到这些坚实的建筑那种扣人心弦的魅力所在。返回时，正当下午的阳光映照着美丽的神庙，神庙依靠着湛蓝的爱琴海，非常富有魅力地耸立在那里。

在神庙的后面，走30米左右的地方，有一个小的博物馆。在那里陈列着神庙被毁的部分和在这里出土的雕刻。我一个一个地看着，深深地为希腊的这种美的精神所打动。在这些陈列品中，几乎没有十全十美的完整品，有的只有腿，有的只有上半身，还有的只有从胸部到脚部，这些都是裸体躯干的雕塑，就是这一部分一部分，正是富有魅力的希腊精神的结晶。从技巧上看，未必所有的都很好。然而，即使在这些不充分的技巧中，那种雕刻的精神也不可思议地存于其中。在这里我所发现的不仅仅是希腊的美的造型，更重要的是看到了一种内在（灵魂）的美。

七　归路

在鲁乌卢所看到的维纳斯的那种美,是从何处而来的呢?我到现在好像才明白其来由。那种内在的心灵,加上充分发挥出来的技巧,一定会创造出完美无缺的奇迹。我从那里出来,到了帕台农神庙的西边,抬头仰望堪称世界上最美的雅典娜神庙建筑、奈基的优美的爱奥尼亚柱式神庙,以及与此相连的伊瑞克提翁神庙的女像柱,有一种难以形容的满足感。

伊瑞克提翁神庙的像柱

当我从这个圣域的门出去时,我的脚非常奇怪地好像被希腊的神拉住了似的,完全被钉在那里。我往回走的时候,弯着腰往台阶下走去,这时抬头仰望帕台农神庙,不由地又想到了罗马。意大利有数不清的、受到希腊强烈影响的古代罗马的建筑物和雕刻,这些被称作希腊-罗马式的建筑,在外观上几乎是同一风格。不过,从我的直接观察来看,这些相似的东西是不少,不过雅典娜神庙和意大利的那些古建筑和雕刻有着显著的不同,究竟在什么地方、哪些方面表现出不同呢?这是我开始考虑的问题。从数量上看,罗马惊人的丰富,而在技巧上,色彩很艳也很丰满。在这里,显示出罗马人肉体的力量、物质的力量和富有,热情洋溢地表现出对美的创造。我们还是把问题从古代的罗马,放到文艺复兴时期来看其发展的脉络。在罗马,最令我感慨万千的是在圣彼得大教堂内摩西像前。他不像希腊雕刻中的那种遨游于天空之中的天女的羽衣那样,富有那种活泼的动感;他所表现出来的让人想到的是,人类的苦恼和热情交织在一起,向神祈祷,不断地哭诉地上人间的一切。

米开朗琪罗的著名的大理石雕像①,就陈列在梵蒂冈博物馆,这一大理石就是在希腊出土的连名字都没有的黑色的大理石。以米开朗琪罗为代表的无数的雕刻家,想尽办法,要抓住希腊精神的精髓,为此他们以极大的热情和全部的力量投入到希

---

① 名为"哀悼基督"。——译者

腊的雕刻艺术的世界中。这一点即使是古代的希腊人也是无法取得的，也无法领会到其中的精华，所以，就古代希腊的雕刻和技术而言，即使到20世纪的今天，在这一领域一直处于前列。

我待在冰凉的大理石铺出来的楼梯上，感到能来到这里，确实是件令人非常愉悦的事。此时，我感到过去的欧洲突然黯然失色。我从中感到希腊文明的无限的伟大。希腊还是希腊，她不是欧洲的曙光，而是地中海旁一个独立的国家。我注视着爱琴海，她的美丽即使是现在也仍然象征这一点。从神殿回来，眺望着远方的爱琴海，在那里，我们所不知道的古代埃及的文明和神秘的东方世界在向我们招手。

寻访金字塔和亚历山大——埃及

在摄氏50度高温、没有任何遮掩的炎热的沙漠上。我开始漫步在金字塔的周围，胳膊和脖子都能感到像火烧一样的太阳及其反射的光线。1957年7月末，我去开罗的第二天，朝日新闻的特派记者酒井和牟田，冒着酷暑，带我去金字塔游览。从开罗开车约30分钟左右，我们就在金字塔下面下车，因为太热，连话好像都说不出来似的。由于特别干燥，连汗也出不来（不，出的瞬间就马上被蒸发了），车门和座位就像火一样地烫热，镜头对准金字塔的相机就好像着了火似的。

在这一带有白色的、浅黄褐色的一望千里的沙漠上，三角形的金字塔的棱线，给我这个日本人留下了月亮般世界的印象。说到酷热、干燥、直线、广大、白色等，对于我们而言，是非常不一样的。好像觉得一些"异教徒"来到了完全不同的文化中的感觉。此时，我想起了早上当我看到开罗博物馆如此众多的发掘品时的那种惊诧的样子。古代埃及，恐怕没有比她更具魅力的文明了。可以说，有很长时间，她是被人遗忘的。希腊，不管是对于欧洲人，还是我们，都是一个令人憧憬和感到亲切的地方。而埃及确实是异质性很高的国家。不用说，其建筑的部分及梁柱和希腊有着很深的关系，然而，她所具有的那种宗教上的、富有魅力的动人力量，必须从其他方面予以理解。如果说希腊文明是在基于贸易的都市文化的洗礼下而孕育起来的话，那么，埃及文明本身就散发出农耕文化那种稀溜溜的固有气息，甚至有一种不知不觉好像陷入那种没有底的泥潭之中的恐怖。在装木乃伊的多层棺椁上到处都有雕刻、绘画以及有一双黑眼珠的奇异动物。在某种意义上埃及和印度有一定的共同性。

农耕社会是一个独特的世界。这使我猛然想起访问印度阿萨姆卡买卡寺洞窟时的情景。在黑暗的令人阴森恐怖的洞穴中，一位半裸着身体的僧侣的读经的声音从地下传了出来，那些涓涓的流水从象征卡丽女神生殖器的被淋湿的石头上，不断地流出来,而那些恍惚入境的印度教徒们,把这些圣水撒在自己的额头上。所谓这些令人恐怖的事象,好像是印度和埃及的古老文明所共同的。

在奇特的尼罗河的沃野上所孕育出来的文明,与在沙漠上的金字塔的风姿互相映衬在一起。伫立在比丸大厦(东京一有名的大厦)还要大四倍的金字塔前,我深为古代埃及人有如此庞大的建筑而感慨万千。由于航空线路的发达,地球也变得小了起来。然而,对于生活在20世纪后半叶自认为洒脱的现代人来说,如果伫立在金字塔前,一定会为她的伟大所感叹。

在狮身人面像的这边,我一边在沙道上漫步,一边陷入了沉思。所谓人类的伟大创造物,如果不是集中一个大国全社会的财富,是非常难创造出来的。在资本主义下的自由世界的我们,由于其弊端,好像站在不得不否定财富的不均和集中的立场上来。而且,由于机械化的进展,所有的人们都希望过上好的日子。即使在实现社会主义的理想社会中,要避开财富的集中,像今天这种状况,所有的人仅限于享受"好的生活"和"个人的自由",人类的理想之梦也变得狭隘起来,人们难道不是仅仅在不断地追求生活层面的满足吗?就好像古代埃及人把人类的理想寄托在金字塔上一样,人造卫星不管怎么说,实现了苏联人以及人类的梦想,也集中反映了全世界人民的期待。我一边看着金字塔，好像马上明白了苏联人所做的一切。一方面，人们非常羡慕能够建筑现代金字塔的人，另一方面，生活在一个为信念所打动的社会中，提供自己的劳动和智慧都是出于个人意愿和情趣。而且，我本身也欣赏这种自由主义的思考方式。此时，我一抬头，看到狮身人面像（斯芬克斯）好像正在看着思考了上述复杂之事的异教徒的我，似乎对我表现出了很多的同情和怜悯。

"来喝可口可乐吧！"

这时酒井在斯芬克斯后面叫喊着。埃及人把可乐放在木制的冰箱里来卖。只听到牟田在问"多少钱"，此时卖东西的老头用非常认真的表情说到："美国人10个皮阿斯特，英国人为8个皮阿斯特，日本人为6个皮阿斯特，埃及人为4个皮阿斯特。"国家不同，价钱也不一样。我们大笑着喝着饮料，猛地好像感到喝下去的饮料已消失在什么地方似的。此时，喝这点饮料，确实是感到杯水车薪。

从那里出发，好像走在炙热的煎锅上似的，我们来到了奥那斯国王的墓前。为了进入安置得很深的棺椁的房间，穿着很长毛线制品的向导，举着煤油灯在那里等着。因为确实不好走，酒井拍着手说"从这边"，埃及导游好像嘟嘟囔囔地说着"修瓦依阿、修瓦依阿"（慢点、慢点）。

我们这些急性子的日本人，就大笑起来。借着煤油灯的光，

七　归路

我们从很长的螺旋状的台阶下去，在地下约 30 米左右的地方，有一个很大的屋子，在那里安放着棺椁。房间的墙壁上，满满地用非常漂亮的象形文字装饰着。为了保持低温，在房间里好像有制冷的装置。

看完周围的一些遗迹之后，正好是太阳落山之时，我们再一次返回金字塔，在金字塔前的饭店里，一边眺望着正在落向远处绿色的尼罗河沃野的夕阳，一边喝着啤酒。天气渐渐地凉了下来，我的话题也随之戛然而止。

受他们二位之邀，晚上 2 点后，我们还去了少有的在星空映照下的野外夜总会，这一天我感到非常快乐。第二天早上 7 点，我又坐上了行驶在从开罗到亚历山大的沙漠之路上的车。在巴黎我认识的东京银行分店长广田的夫人，得知我来到开罗，正好让来开罗的车把我接上，在我不明白怎么回事时，她已经全部为我安排好了。

东京银行的分店不在开罗，而在亚历山大。这是正金银行向来的传统，亚历山大是棉花的输出港，所以很多贸易在这里进行。230 公里的路程，对于我这个初到沙漠旅游的人来说，确实感到非常兴奋。我在梦中经常想到的是斯文·赫定的塔克拉玛干沙漠的纪行和一望无际的撒哈拉沙漠，此时的场景又让我重新回到忘却的中亚之旅上来。我正要拿起相机拍照时，和我在一起的牟田说到："等等，像这样漂亮的地方到处都是。"对于多次走过此道的牟田而言，这些已经平常得就像沙漠的起伏一般，但对于我来说却是令人兴奋的素材。途中，只要一到了生长着非常稀薄的草的地方，一定会有贝都因人①的黑色帐篷稀稀拉拉地搭设在那里。汽车也一度停了下来，我们走在坚硬、起伏的沙漠上，进了一个帐篷，帐篷里意想不到的干净，羊粪都集中在一起，身穿红色印染木棉服装的妇女正在做饭。

在单调的沙漠上，行走了一段时间后，渐渐地接近了亚历山大，森严的岩石满山遍野地呈现在眼前，一过这里，就能看到沃野，不久就进入了亚历山大的街道里。

东京银行的分店，处于与所有带有殖民地味道的大厦相并列的一座大厦中。在支店长室一见到久别重逢的广田，我就马上问他，苏伊士问题以来，在最近严峻的中东形势中，他们的工作遇到了什么样的困难等。广田现在的脸色已和在巴黎时有所不同。我尽管没有听到枪声，但有一种来到了前线的感觉。我在法国时，走进东京银行的分店，正有些迷惑时，正在当班的一位穿西装的男子，连我的国籍好像还不清楚，就站起来走到我的

---

① 从事游牧的阿拉伯人，主要生活在北非和阿拉伯半岛。——译者

身旁，询问我有何事。这位男子就是广田。广田根据对象不同，可以自如地使用英语和法语。在印度和欧洲，我没有看到像广田这样的人，所以，那种表情是非常复杂的，而在近东果然也有此种感觉。

我住在面向地中海的很好的房间。对于从炎热的开罗来的我而言，海风一吹，真还冷得有些受不了。和从巴黎分别之后很久没有见面的广田的夫人、女儿、小男孩等一起吃晚饭，对于我来说，确实是非常快乐的事情。因法国被埃及视为敌对国，从巴黎不能直接到这里，中间要经过德国。苏伊士动乱以来，因为英国人和法国人都回国了，所以小学四年级的小孩不得不去阿拉伯语的学校上学，真是件令人困惑的事情。

盘子里，虾做的油炸食品像山一般满满地堆了起来。广田的夫人笑着说："这里有很多虾，而且非常便宜。当地人也常说，那个日本人只买便宜的鱼吃。"

在巴黎，虾是非常高级的食品。今天的虾就是小孩领着厨师去买的。尽管小孩来这里还不到两三个月，但已经懂得一些简单的阿拉伯语。我在学生时代，曾学过一些阿拉伯语，印象很深的是，一个动词的变化形，要占去一个笔记本的一半，渐渐地我便放弃了阿拉伯语。而小孩并不觉得苦，他可爱的小嘴里说出阿拉伯语，这令人非常吃惊。

我顺便问了一下广田今天在办公室遇到的人和事，那是关系到埃及非常庞杂的问题。听完广田的讲述，一言以蔽之，就是我们常说的，民族构成非常复杂，除埃及人之外，还有很多被称为"莱半塔恩"的地中海沿岸各国出身的人，他们在埃及的商业、政府机关、商社中占有很大的比例，而土著的埃及人大部分是农民。在埃及莱半塔恩人大约有30万，相当于埃及全部人口的1.4％。其他国家和民族的人如下：

叙利亚、黎巴嫩、亚美尼亚人——10万

犹太人——6.5万

希腊人——9万

意大利人——4.5万

在开罗，饭店和餐馆的男服务员多为苏丹人。我在一边接受厚唇黑脸的服务员的静静的服务时，一边想到埃及虽然是地中海国家，同时也是非洲大陆的一部分。在埃及还有比这还多的外国人（地中海人），但现在还完全不知道。这些莱半塔恩人即使在商社、银行，大多也都是在地位较高的位置上。这不管举哪儿的例子也差不多，例如，广田在银行所雇佣的人员的类别如下：

存款课长——叙利亚人

汇兑课长——黎巴嫩人

输出入课长——犹太人

出纳课长——犹太人

调查课长——埃及人

核算课长——埃及人

一般职员——亚美尼亚人　3名

　　　　　　叙利亚　　　1名

　　　　　　科普特人　　2名

　　　　　　埃及人　　　5名

勤杂工——　　埃及人　　　5名

　　　　　　科普特人　　1名

　　　　　　苏丹人　　　1名

东京银行分店的民族多样性，在埃及都市的月收入，也是白领阶层多样性的典型。作为聘用这些人的一方，有怎样的感觉呢？对于我的提问广田回答说，由于各自的民族不同，其经历不同，他们的个性和性格有着很大的不同，这是非常复杂的，甚至对于微妙的地方政治形势，每个人的态度和看法也不相同，同时也必须接受彼此的思维方式。

对于埃及(现在是阿拉伯联合①)来说，最困难的问题是存

---

① 1958年，叙利亚和埃及合并成立"阿拉伯联合共和国"，简称阿联。1961年，叙利亚退出阿联。——原注

在着占有埃及商业活动以及白领阶层很大比例的莱半塔恩人。他们从古代腓尼基时期开始，就是地中海贸易的主力。经过了各种各样的世界历史的变迁，现在，在地中海具有根深蒂固的势力。他们的活动不只局限在地中海，事实上，他们的活动遍布全世界。尽管名声在外的犹太人的活动不用多说，不过，在腓尼基的后裔的叙利亚人中，在拉卡夏有经营很大的纺织业的人，更有在南美阿根廷具有发行阿拉伯报纸的势力，在希腊人中谁都不会忘记世界上最大的船主奥那西斯。像这样，在地中海沿岸，以值得炫耀的被称为世界商才的富豪商人为代表，出现了非常强劲的商人层，他们正好和中国的华侨（东南亚）、印度的玛郎瓦里商人相匹敌。

最近，西亚的民族主义的复兴，其结果就是开始排斥莱半塔恩人。在土耳其，从很早的时候就有这种苗头，目前逐渐凸显出来。在1954年的伊斯坦布尔的暴乱中，土耳其人之外的店铺，被暴徒所毁坏，每天，离开伊斯坦布尔的莱半塔恩人以及其他外国人都在增加。在我访问的1957年7月，原来那种能看到亚洲人和欧洲人等各色人种的具有异国情调的繁华的伊斯坦布尔的特色，已无昔日的风采，开始涂上了清一色的土耳其的东西。广田住的楼房的房东，就是在伊斯坦布尔被迫害而迁来的希腊人（其妻为意大利人）。

与土耳其同样,由于纳赛尔的领导,在埃及被强烈撞击出来的民族主义的倾向,也逐渐变得强势起来,1955年发出了驱逐犹太人的命令。此外,排斥没有埃及国籍的莱半塔恩人的倾向也越来越强。据说现在莱半塔恩人想加入埃及国籍是非常困难的。他们在埃及度过了很长的岁月,几代人一直自由地在这里做着生意,但到现在为什么还不能获得国籍呢?而在他们看来,直到最近地中海的商业完全是自由的,在那里没有国籍,只要有旅游者的资格就足够了,至于税金,没有埃及国籍确实要少交一些,而且他们出现一些问题的时候,也不受埃及法律的约束,但以自己国家的法律予以解决是可能的,此外,他们没有护照也能往来,其理由是他们没有埃及国籍。

另外,1957年,纳赛尔提出的法案中提出埃及的所有律师必须全部是埃及人。而实际上在埃及的124名律师中,80名是叙利亚人,叙利亚方面对此认为,这是以排斥叙利亚人为目的的,并责难埃及无视北大西洋条约机构中的两国的关系,所以,这一法案一定会流产的。除此之外,棉花贸易所的经纪人,几乎都是叙利亚人和意大利人,而实际情况中,这种模式在埃及社会的商人、政府机关、商社、自由职业的知识分子中,都占有很大的比例。如果没有他们,埃及的上层功能几乎都会瘫痪。简言之,在埃及,隐含着像这类复杂的非常棘手的民族的和社会的问题,在发展的道路上，可谓堆积如山。在这个意义上，民族运动和独立的问题，埃及和印度的情况非常不同，特别是考察埃及的一连串的民族运动时，我们要对所谓的地中海进行更深入的研究和把握，这是我在这次旅行中不断考虑的问题。

像这种具有历史的、民族的、政治的背景的人们的苦恼，对于被海所包围、在地理上和社会上都孤立的我们这些日本人来说，是难以想象的。同时，在这种条件下，也培养出人们的一些群体特性，然而，我们谈起亚洲就是一体时单纯的一个民族主义论调，过于乐观地来空谈，这是绝对不应该的。不只是欧洲、西亚，而且就连印度也不太了解的我们日本，了解西欧以及对西欧感到很近的人们，如何才能够去和他们联起手来呢？面对现实，确确实实地了解他们，这是摆在我们面前的问题。

奥鲁包瓦卢（再见）

从开罗，经过巴格达、德黑兰、卡拉奇、新德里短暂逗留后，我又回到了阔别一年的加尔各答。在日本总领事馆保管的我的很多行李，满满地堆在那里，都是关于未开民族的标本和笔记。在闷热雨季的加尔各答，我花了四五天的时间来整理收拾行李，把行李捆包后，办完海运手续的最后一天，傍晚时分，当我正把身边用的零碎的东西往小旅行包里装的时候,服务员进来告诉我,有一位女客人来访。应该见的人和该告别的人我都见完了,这位来的人是谁呢?我一边想着,一边往楼下走去,只见一位穿着红色僧衣的人出现在眼前,原来是我在噶伦堡的亲密朋友、法国人道拉淖娃小姐。她再次见到我时兴奋激动得满脸通红。她正好在从噶伦堡到白那鲁斯的途中,今天路过加尔各答,她从密道拉夫人那里听到我的情况,就马上赶了过来。我这次在印度待的时间非常短,连噶伦堡也没有时间去,所以,我想怎么也不可能见到她了,然而,此时出乎预料地邂逅相逢,那种高兴劲,真是难以言表。因为正好快到吃晚饭的时间,我约她到公园街上的一个很高级的饭店去用餐。因为这是我在印度的最后的晚餐,所以我点了很多种类的印度咖喱,我们两个滔滔不绝地讲起分别一年中发生的各种事情和经历。

我和她初次见面是在超过40度高温的加尔各答的亚洲协会的图书馆。当时我热得迷迷糊糊,突然带有法语味儿的英语传入我的耳朵,我回头一看,裹着黄色的僧衣、脑袋也光秃秃的一位不知什么种族的人在向图书管理员借关于喜马拉雅战神的书。她看起来不像印度人、缅甸人,也不像锡兰人,我下了下决心走到她面前问到:"请问你是不是从法国来的呢?"她好像非常高兴,冲我微微一笑。在都是印度人的地方,不管遇到什么样的外国人，不知为什么好像总有一种非常亲近的感觉。我们马上用英语非常亲切地交谈起来。

她是作为加尔各答大学的法语老师来到这里的，她以这种身份来印度仅仅是个途径，她在索邦大学(巴黎大学)学习的是梵语和印度考古学，来此的本来目的是为了从事印度研究。有一次她访问了喜马拉雅一带，深为喜马拉雅和西藏所吸引，突然间，她就放弃了梵语和印度考古学的学习和研究，转向对西藏佛教的研究，于是去了达吉林和噶伦堡。她在那里住了半年以后，被加尔各答大学解聘了教师的职务，加上她又没有任何积蓄，最后，没有办法只能鼓起勇气，开始向人乞讨。我虽然对于她研究西藏佛教的事非常清楚，但是说实在的，对一位法国女性在印度过着乞讨的生活这件事，怎么都觉得非常奇怪，我甚至想这是不是有些夸大其词呢？

那以后过了一年左右，我因为做西藏的研究，就住在了噶伦堡。有一天，我从我住的别墅附近的印度妇女处得知，一位法国僧尼在街上化缘，而且她就住在山上的洞穴里，令我吃惊的是我做梦也没想到她果真在要饭。当时，我的研究特别忙，没有时间马上去很远的山上拜访她。后来很快到了雨季，雨一直下个不停。有一天雨停了，不过黑色的乌云还笼罩着喜马拉雅山，我听到非常有力而又有节奏的敲门的声音，打开门时，一位西藏的喇

七 归路

1987年9月,作者访问德格的经院。

嘛跃然出现在我的眼前。仔细一看，原来正是加尔各答的她。很久没有见到我的她，兴奋得脸都红了，行了一个法国式的礼，她从加尔各答离开后的那种波澜壮阔的生活和成为喇嘛僧尼的经历自然成为我们共同关心的话题。最近，她看起来确实在乞讨，住在山洞里体汗和灰尘混杂在一起的臭气，从红色的喇嘛僧衣间散发出来。我给她煮了热乎乎的红茶，把饼干和果酱等摆在了桌子上。她就同饿狼一般，把盘子里堆积如山的东西不大功夫就一扫而光。我又把其他的东西、水果等全部拿了出来，希望能让她有一点满足。她一边忙着吃东西，一边用带有很浓法语味道的英语谈着话。实际上，如果不懂法语，就根本听不懂她的英语。她跟我说，在洞穴生活虽然非常好，但是，进入雨季后，水从各个地方涌出来，最后，终于不能在那里生活了，她想借我旁边的印度人米道拉夫人的别墅的放东西的小屋来住。这个愿望果然实现了，但是她说，毫不在意物质上的舒适，这些令印度人非常惊讶。

总之，她精力旺盛，每天去一里之外的镇上化缘，然后买一些东西回来，在家中打开西藏佛典，开始念经。她究竟有多大年龄呢？我离开噶伦堡的时候，能看到她那和尚头上闪现的白发，脸上也有了皱纹，从她的身体判断，好像接近50岁了。不过，因为她是彻底的浪漫主义者，我常常感到她和我好像是同龄人。

她来我房间玩,谈论喜马拉雅的美丽、西藏的佛教、印度的文明等,这是她唯一的乐趣。很久没有回过家的她,知道我要去欧洲,在离开噶伦堡的那天,她拥抱我说道:"你就要踏上巴黎的土地,我抱着你就有一种和你一样去巴黎的感觉。"此时,她也不顾印度的仆人在跟前,眼泪簌簌地流了下来。

我和她在噶伦堡分别的那个场面因为非常悲伤,所以我有些担心她。现在出现在我眼前的她,我都有些认不出来,她看上去非常健康,我马上就安心下来。她仔细向我描述达赖喇嘛访问印度时的场面。那时,我正在罗马跟土齐教授努力地学习。我因为不是像她那样是执著的佛教徒,土齐教授那里比起达赖喇嘛对我来说更重要,所以,我只是对她报之以微笑。不过我听到西藏和印度那边朋友的消息还是非常高兴。她还拜见了达赖喇嘛,还跟着达赖喇嘛的随从喇嘛学习过西藏的佛教。现在,从她富有神采的脸上根本看不出她原来那种想念巴黎的家的影子。我告诉她,我在巴黎见到了她的朋友、钢琴老师、唱片店的年轻的女主人。在她朋友的房间里,以克钦佳卡为背景的她和喇嘛在一起的照片,放得很大挂在屋里,她听后从心里面感到一种满足感。并且说道:"是啊,待在印度,确实非常想念巴黎。不过,我想回到巴黎又会是怎样的情形呢?每天都要走相同的路,而且在那里,十年如一日,面包店的老大爷在卖面包,文具店里的老板每天都以相同的姿势坐在那儿往里摆信纸等一些东西。与此相反,喜马拉雅的生活是什么样的情形呢?每天可以眺望庄严的美丽,能听到喇嘛僧侣的诵经的声音。我不能把这种生活和巴黎交换。"

我接着她的话说道:"确实,不用说,比起巴黎,喜马拉雅要更有魅力。"

在赛纳河畔、日尔曼的晚上……

说到这里,我还是打断了这个话题,和她来谈罗马。罗马的魅力,两个人都能尽情地抒怀、赞美。罗马对我们两人来说都是外国,而印度也是具有共同特点的古代的世界。

我们两人谈了很长时间,说着说着,印度的料理也吃饱了。刚进来时饭店里有很多客人,现在抬头一看,已经没有多少人了。我们要了冰淇淋,喝了咖啡后就离开了饭店。

我和她一起先回到宿舍,再拿上行李,乘出租车到了B.O.A.C的加尔各答分公司的办公室,已经是十点半钟。在寂静的办公室中,天花板上传来了电扇转动的声音,柜台有一位穿B.O.A.C的白色制服的南印度人,确认了机票,另一位赤脚的穿着土黄色制服的男服务生称完我的行李包的重量后,就让我通过。另外还有三人看上去像是一对英国夫妇带着孩子在里面的沙发上等着。我检完票后,微微一笑用眼睛示意,她过来坐在沙发的旁边。我从手提包里，拿出了烟盒送给了她。她成为僧尼后，完全戒掉了在巴黎时抽烟的习惯，只是我和她两人单独在一起的时候，她才乐意打破这个戒律。

在从计量称上拿下来的行李包的把手上，服务生用那细黑的手，贴上水色的线和字，并贴上 B. O. A. C 的标志。我从吸烟通道上走过时，正好看到了我的行李，在我的大型的提包和两个中型提包以及一个小皮箱上，都贴有非常显眼的标签，上面写着到达地"TOKYO""TOKYO"。终于写上"TOKYO"了。这是最后之旅。这上面所写的东京不正是我出生的故乡吗？在加尔各答看到"去东京"的标签，真是令人喜出望外。1953 年 6 月以来，我的这些提包不知换了多少次标签。除去国内旅行外，这些标签主要贴过 CALCUTTA、KATHMANDU、NEWDELHI、ZURICH、PARIS、LONDON、AMSTERDAM、STOCKHOLM、COPENHAGEN、ROMA、ATHENE、ISTANBUL、CAIRO、BAGDAD、TEHERAN、KARACHI、CALCUTTA 以及 TOKYO。而东京是最令我迫切想回到的地方。经过 20 多次的飞行，这是最后的一次了。我感到四年多的岁月好像转瞬之间就要过去。一想到我这快乐的异国之旅就要结束，我有一种难以言表的依依不舍之情。就像她晚饭时说的那样，从此之后，我就要回到十年如一日的街角面包房的老大爷、文具店的老太太那样的生活之中，过着一种天天去相同的研究室、回同一个家的单调的生活。对于我这种任意性很强、又喜欢旅行的人来说这确实是非常平凡的生活。到现在为止,我一点也没觉得在异国生活有什么特别。

我旁边朋友的红色喇嘛僧尼衣服让我感到有一种难以名状的羡慕。那件僧衣也在慢慢地晃动着,此时,她对我说道:"我虽然对喜马拉雅很满足,不过,看着像你这样非常亲近的朋友离开印度,我确实感到非常难受。"

我对于此种感受再明白不过了。对于一个在异国生活很长时间的人来说,在提到"回自己的祖国"这一瞬间时,都有一种难以言表的感伤之情。这在某种意义上讲——确切地说在比较俗的意义上——我比她要幸运。我的研究在某种程度上,已为欧洲的学术界所认可,回国后,我会非常高兴地把自己的研究成果交给我的老师。而她,虽然为故国的人们所遗忘,比起学问来,她甚至是在某些方面失去了罗曼蒂克的流浪者,但她却是非常纯粹的。我的罗曼蒂克已消失在喜马拉雅之中,研究非常成功,我也有很多的雄心壮志,这些都受到家庭、老师和友人的很多恩惠。我肯定她的生活准则,我同样关注的是谋生的条件,回国前,不管是在时间上还是精神上都不充分。我所能做的,就是为了不让她的心里有负担,我先送她出去。经过在黑暗之中街灯闪烁的街道,我给她叫了个出租车。出租车在黄黑相间的1940

年代的福特加尔各答的出租车办公室前停了下来,头上带有头巾的锡克教徒司机把门打开。她用红色的僧衣包着我和我拥抱分别。我放手还用了些力气把她推进出租车里,靠近窗口说道:"再见。什么时候都要注意健康。经常联系。"

在我们最后说"奥鲁包瓦卢""奥鲁包瓦卢"后,出租车已开动了,她也很快消失在寂静的加尔各答的黑暗中。我茫然地看着出租车离去的道路,"吱"地一声,去机场的车静静地停在了我的前面。

1987年3月，作者在东京大学退休时的留影。

附录

田野工作的意义[①]

中根千枝 著　麻国庆 译

社会人类学(文化人类学)是以田野工作为基础,以未开化社会的研究为出发点而发展起来的一门学科。而科学的人类学田野工作的研究方法,是由被誉为社会人类学之父的马林诺夫斯基所奠定的。在马林诺夫斯基以前,虽然也有过一些民族学的调查,不过,从他开始才确立了科学的调查方法。这种方法在他的名著《西太平洋上的航海者》中的序论"本研究的主题、方法、范围"中有详细的论述。该书指出,所谓科学的方法,是指研究者自身在原住民中生活,以直接的观察、详细充分地验证的资料为基础,参照专业的规范来确立法则和规则性,进而论证这一民族生活的实态和规律。

以往的民族学对于所收集起来的各种资料,究竟是在何种

---

① 此译文原发表于《思想战线》,2001年第1期。

条件下观察得来的没有明确的记录，也难以分清是直接观察的结果还是根据研究者的常识和推论而得来的解释。如果是物理学或者是化学的实验研究，如果不详细地说明、正确地记载实验的手段、所使用的器具、观察的方法及其次数、花费的时间、测定的近似度等，其结果的科学性就值得怀疑，其结果就毫无用处。民族学虽不像物理学和化学那样是非常精密的科学，但是，在进行观察时，只有明确记载、搜集当地的情况，对此进行记载的民族学资料，才同物理和化学一样，具有重要的学术价值。在这方面，马林诺夫斯基最初所专攻的物理学、数学的经历，对于新民族学（后来被称为社会人类学）有着积极的作用。社会人类学能有这样的创始者确实是非常幸运的。

田野工作（Fieldwork）也常被翻译为实地调查、野外调查等，这里所说的田野工作对于研究者来说，较为理想的状态是研究者在所调查的地方至少要住两年左右，以特定的社区为中心，集中地、细致地调查这一社会。为什么要待那么长时间呢？如果读一下前面提到的马林诺夫斯基的序论，就能够充分地理解。在这里我想谈一下这样做的理由。

首先，社会人类学是对不同社会的比较研究，其中田野工作是最重要的一个环节，最理想的调查地是与研究者成长的社会完全不同的社会。例如，对于日本的研究者来说，至少主要的田野要在日本以外的地方进行。关于这一点在后面还要涉及，不过这里要说明的是社会人类学的研究者和民俗学以及社会学的学者有着很大的不同。这是因为社会人类学者以掌握调查对象的社会的语言为必须的条件（通过翻译的调查在调查中不能获得好的材料）。所以，即使在调查前已花了很长时间来学习那种语言，但在调查地若能自由地使用，至少还需要花相当长的时间。另外，为了了解人们生活的全部节奏，至少以一年为周期是非常必要的。开始的时候，研究者对于那个社会背景的了解还不充分，容易把很多的东西搞错，即使从这个意义上而言，再次重复这个调查周期也是非常必要的。事实上，对于社区的人们来说，研究者要成为社区中非常自然的一员，社区的人们要非常习惯研究者要得到的资料，要达到这一目的，至少需要半年的时间。

因此，社会人类学的调查，像在社会学中经常使用的问卷法、在民俗学中经常采用的那种听取一般被称为知识渊博的人（这种人不管在什么样的社会都有）的口述话语的方法，并不是主要的方法。不用说要避开这样的方法。之所以这样说，是因为社会人类学是根据把握研究对象的整体生活，对于特定的问题进行深入考察为目的的，因此要尽可能地避免单一的直接提问，由于具体的事项可以从不同的角度进行考察，所以，这一方法对于调查者非常迫切想了解的事情,是非常理想的方法。也就是对方不用虚构,而是自然地表露出的过程,观察这种过程是获得非常好的资料的方法。

另外一个长期待在调查地(或者经过数年多次待在调查地)非常有必要的理由是,对于有关集中调查社区的更大的社会(地域全体甚而像国家这样的大的单位)的状况和知识,一定要有基本的认识和了解。微观研究以宏观为背景,能更明确地把握问题的性质。比起马林诺夫斯基所调查的特罗布里恩德岛那样的被大海所包围的小社会,对于在大陆的微观研究,特别是今天开发非常快速的国家,以及有着悠久的历史、文献又很丰富的社会的研究,显得更为重要。此外,除去对于特定村落的研究,对于在相邻地域、已经有的社会人类学的调查以及其他的社会科学研究者、历史学者的研究等文献的阅读也是非常必要的。在这个意义上,像在下文中将要谈到的那样,田野工作所具有的位置,在今天可以说和马林诺夫斯基时代的背景已经发生了很大的变化。但是由马林诺夫斯基所确立的微观社会的调查方法本身,基本上没有发生变化。因此,今天对和我们的观点相关的马林诺夫斯基的田野工作的意义进行一些基本的思考是非常有必要的。

我认为,社会人类学与其他的社会科学相比较,确立其自身非常强的独立性的一个重要原因就是研究者与被研究者之间能够保持距离。即社会学者和经济学者其研究对象主要是在自己的社会中，而社会人类学在创立初期，其研究对象可以说是未开化民族，研究者所探求的是在地理上和文化上与西方社会相距最远的人们和社会。因此，可以说研究者对于研究对象能够比较容易具有客观性的立场。在以与近代文明隔绝的人们为科学的研究对象时，由此也就产生了舍弃自己所处社会的社会常识和价值观，彻底地对研究对象的区位进行观察的方法。这种方法与其说与社会学者接近还不如说与生物学者、动物学者这样的科学研究者的方法更为接近。在这个意义上，马林诺夫斯基的特罗布里恩德岛民、埃文斯·普里查德的努尔人、雷蒙德·弗思的蒂科皮亚岛民等，与我们的东亚研究者对于东南亚村落的人们有着本质上的不同的感触和条件。在田野工作过程中，如果研究者个人与调查对象过于亲近，那就绝不会找到客观的观察的感觉。其实，正是由于这种文化距离（detachment，对象和自己分离），才是产生优秀科学研究的条件。

在条件这个问题上，早期的人类学者和现在的人类学者不同。早期的文化人类学者在调查现场之外，同调查对象之间是游离的，很容易从所研究的对象中出来。除了调查之外，没有任何具体的关联，不受任何制约。调查对象和研究者之间，在文化上、历史上都相差很远,被调查者几乎没有可能来读研究者写的论文。当然,对于像这样的科学研究者而言,他们具有优越的条件——这也是当时西欧人类学者的特权,在今天,这些大洋孤岛的社会确实已成为了过去。但是,这个时期的研究对于社会人类学有着决定性的意义。我甚至在思考,如果没有这个过程,就不可能形成社会人类学这一学科的(科学的)基础。如果没有这些调查,只以我们实际生活中的人们为对象,就不会有这些冷静的观察,而且也不能从这一研究中发现获得独特的知识的运作方法。在这里也不能把他们单纯归结为是西方帝国主义的产儿。

不言而喻,他们还不能说完全自由地从当时西欧人对于原住民的人种偏见和优越感中脱离出来。但是,其研究越是科学(或者具有丰富的知识),就越能反映自身,而可以把有碍研究价值的危险降到最低限度。这种危险与其说存在于早期的优秀的人类学者中,还不如说最近由于人口的增加,大多出现在二三流的人类学者中。偏见和优越感,不用说与轻而易举的共鸣和过度的同情一样,把自己置于优越的位置,而把研究对象看得过于简单,这就不符合刚才所指出的 detachment。初期的优秀的人类学者,由于对于对象具有这一 detachment,出现了非常多的重视立足于经验主义分析的科学的观点,确立了社会人类学的基础。

田野工作的典型，特别要提到的是，其奠基人马林诺夫斯基在特罗布里恩德岛所从事的调查和其弟子雷蒙德·弗思的蒂科皮亚岛所做的调查。后者是把前者的方法进一步发展的继承者中的第一人（实际上，也是前者的大学职务的继承者），他把马林诺夫斯基的田野工作更有系统地予以发展，1953年弗思再次对先前的调查地进行了调查。他们两人的田野，都是西太平洋的孤岛社会，人口又少（例如，蒂科皮亚岛民1929年时为1300人），把握整体社会并不那么困难，是微观研究能取得最好研究成果的田野。即使是今天，尽管有很多的社会人类学者在各个地方进行过田野工作，但在细腻和精致方面，还没有人超过他。两人都具有作为人类学者最合适的天赋，而且，前者论述充满了魅力，后者文章又独具匠心，所以，他们的研究已成为经典之作。

这些先前的田野工作，作为社会人类学的必要条件而被继承下来。这一方法，用于大陆诸社会的研究，当然会有一些不足之处。然而，在第二次世界大战前，即使在大陆，也还存在着比较孤立的小社会，这种微观研究的方法是可行的。实际上，就像在下面的章节所叙述的那样，社会人类学的理论分析，由于在非洲诸社会进行田野工作的社会人类学者的努力，而得到了很大的发展。但是，这一方法，当把历史悠久的亚洲诸社会作为研究对象时，不管怎么说还是有一定的限度。在早期，即使对于这些亚洲诸社会的研究，也主要以边境的各民族社会为研究对象，如印度被称为部族的各民族、中国云南省山岳地带的少数民族、越南的山地民族、缅甸的克钦族、印度尼西亚的米娜恩卡巴族等。

不过，第二次世界大战后，在亚洲、非洲诸地域，新兴国家逐个诞生，由于各自国内的形势、对外政策的变化以及人口的增加，民族问题等开始凸显出来。越来越多的地方，对于外国人类学者来说获得调查的许可非常困难，未开化民族的调查受到很多限制。同时，从人类学的研究立场来看，曾经是统一的部族的未开化社会被新的国家组织所整合而开始发生了很大的变化，成为了流动的开放的社会，因此，对于这些社会进行把握的方法也显得不很容易。

在这种世界形势下，人类学者的关心点逐渐地从对于未开化社会的研究，开始转向有历史的复杂社会的研究。不用说，这些社会历来是历史学、经济学、社会学等作为研究对象的社会。以微观研究为唯一长处的社会人类学者，在扩大其研究对象之前，以特定的村落（或村落的一部分）进行田野工作，是一普遍的方法。但是，对于具有从数百万到上亿的人口、地域广阔、地方之间的差异性又大、阶层差别又大的社会的理解，以对于从数百人到2000人左右的社区规模的社区所取得的研究成果，怎么能有可能理解整体社会呢？这一疑问一直存在着。如果是同质性的小型社会,一个村落的研究对于社会整体结构的把握,会具有很强的说服力,但是,在如此大规模的复杂社会中,这一理论就显得不很完善了。村落层次的微观社会的研究怎样同整体社会的结构联系起来呢?不论是在方法论上还是理论上,这是继承在未开化社会研究中取得成果的第一代社会人类学者之后的下一代社会人类学者不得不直接面对的课题。

尽管如此,现在社会人类学的研究不只是在欧美即使在亚洲各国也很兴盛,研究者的人数也在不断增多,大多数的研究,还是花费相当的精力,完成落套的村落调查的研究报告。这种研究不用说积累了非常多的社会的有关村落层次的信息和资料。但不论这些专题论文和研究如何详尽地进行细致的描述,与原先的以田野工作为基础的经典论述相比较的话,还是缺乏那种生动、活泼、明快的手法,这些研究不用说是一般读者,就连同行的研究者也没有太大的兴趣。其原因是多种多样的,第一,这一社区仅仅是更大的复杂社会中的一小部分,其社区本身自觉不自觉地受到来自各个层次的网络的影响。即使比起都市来稳定性较强的农村,中央的行政、政策、产业、商业等国家层次或多或少都会对其发生影响,使得农村社会成为一个有联系的开放性社会。如果在对这一农村社会进行论述时,仅仅以封闭社会研究的模式进行研究,其结果会导致这种研究报告或论文缺乏那种生动、活泼、明快的特点。

因此,在田野工作中所看到的各种现象必须要从不同的维度来把这一社区纳入到更广阔的视野中进行解释,才会具有生命力。在此前提下,以田野工作为契机,把所遇到的问题从理论上进行分析,这样才能出现新颖的、有影响的研究。其实出现上述的问题的关键并不在田野,田野仅仅是为探索问题做准备活动的场所。其关键是所调查的田野以何种形式而存在？如果仅仅以特定的村落为田野的对象,不考虑其他的背景,即使研究报告做得非常精细(当然这些是进行研究的基础),但在此研究报告的基础上所写成的论文,其价值不一定很高。所以,要使田野材料真正具有科学的意义,应该把这些田野材料置于更广阔的视野之中,这样才能产生出具有一定理论水准和富有解释力的佳作。

如果从这方面来看的话,社会人类学的研究,研究者对于所进行田野工作的社会,具有广而深的知识和修养等是非常重要的。实际上,这也并非限于具有复杂历史的社会。以非洲的部族社会为田野,做出了非常优秀的经典研究的福蒂斯(Meyer Fortes)和格鲁克曼(Max Gluckman)等,都出身于非洲,另外进行蒂科皮亚调查的弗思是新西兰出身,这些对于他们的研究,无疑间接地起到了非常好的作用。当我和这些英国的社会人类学者们谈到关于他们的田野以及其社会时,他们就好像在谈论自己的庭院一样。与此相并列的研究为斯瑞尼瓦斯(M. N. Srinivas)的南印度村落的调查和费孝通的江苏村落的调查。

有一种看法认为,在地理上远离研究者出身的社会、研究者在文化上和历史上与研究对象没有任何关系的田野研究,并不能赶得上本国的研究者的水平。但如果回到社会人类学的研究来看的话,绝不能如是而云。尽管不是出身、生活在那个社会,如果是优秀的社会人类学者,一定会拿出超出这一社会出身的人类学者的研究。

与这类问题相关联的一个看法,就是我接下来要谈的问题。在欧美的人类学者中,历来就反对亚洲和非洲的人类学者以欧美的社会作为田野来进行研究。但现实并非那样,这些看法看起来有些过于单纯。不用说,社会人类学就像其自身建立、发展过程中所清楚地呈现出来的那样,就是对"不同社会"的比较研究,对于非西方的人类学而言,把西方社会作为田野选择的候补对象,是很自然的,但这绝不代表整体发展方向。过去,西欧人类学者之所以着眼于未开化社会的调查,其主要原因是他们想了解、探究那个时期对于他们来说最不清楚的社会和文化。

另外,对于今天的非西欧的人类学者来说,西欧比起其他的地域,在他们的知识体系中是比较了解的地方(亚洲、非洲有代表性的人类学家几乎都有在欧美留学的经验），在这个意义上是完全相反的。而且亚洲、非洲的人类学者们，处于与过去西欧的人类学者对殖民地社会具有的那种好奇心的时代完全不同的环境中。事实上也是，非洲、亚洲的人类学者，几乎把各自的研究对象都放在自己的国家内部，对于国内的问题报以最大的关心，并进行研究。以日本为代表的东亚各国也绝不例外。

我认为，这些事实与其说是沿袭了历来西欧人类学者所关注的问题，还不如说，这些国家知识分子的传统及其所处的环境与西欧的人类学者有着很大的不同。第一，这些社会传统的精英和知识分子没有去外国的传统。就像印度的婆罗门没有漂洋过海那样，离开自己的国家不是上层（精英）的生活模式。当然，在近代化过程中的留学是一例外。就像留学所反映出来的那样，所谓国外是以西方为代表，他们对于非西欧的各国几乎仍然漠不关心，当然也有例外的情况。这与把在国外的工作视为绅士的工作、高尚的工作所形成的传统、建构出大英帝国的英国社会等完全不同。

第二，在这些国家中，所有的近代化、西方文化的输入都是通过精英层和知识分子进行的。这些阶层的人们一方面促进了西欧化，而另一方面，在这些社会中，以与西欧文化完全没有关系的土著的传统文化为基础而生活的一般民众和他们的距离也在拉大。这是因为受过西欧学术洗礼的都市的学者,对于西欧人类学所论及的问题,能在自己国内找出与之相对应的问题。对于这些学者来说,偏僻的农村的生活和自己有着很大的距离,在农村所看到的各种现象与西欧的人类学在未开化社会中所看到的问题有着一定的联系。我国(日本)初期的民族学者的研究最能反映出这一特点。其中,使民俗学得以发展的柳田国男、受马林诺夫斯基研究的启发并对日本的农村社会学产生很大影响的有贺喜左卫门,对民族学的建立和发展做出贡献的涉谷敬三等的立场和关心的问题,就可见一斑。此外,在韩国也有同样的现象,民俗学和文化人类学主要由专攻韩国文学的"两班"的学者开始研究的。而《中国农民的生活》的著者费孝通所完成的这一著名的论著,其调查地以太湖南岸的农村为背景,书中作者的照片是当时一典型的北京的读书人的样子,穿着纯白长褂的地道的中国服装,站在那里,这是非常有象征意义的照片。

同一国家的这些学者和被调查者的距离,在印度表现得非常极端。这里不只存在着被调查者与调查者有着不同语言圈的地方上的地理距离,以及处于具有种姓之间的社会距离的不同的集团,而且还存在着与一般的印度教人口有着完全不同的风俗习惯、几乎没有任何往来的很多未开化民族的社会,在这些社会进行调查的人类学者,是与他们在社会上有着最长距离、具有西欧修养的上层种姓的出身者。所以，从这个意义说，印度不仅仅有着丰富的人类学的资源，而且也是大量接受西方人类学流派的国家。这一点，可以说和非西欧社会的东亚有着完全不同的条件。

今天的日本，在我看来，作为社会人类学者（文化人类学）的最低条件，仍然至少应该具有在国外有两年左右的田野工作经验，在此基础上才能拿出学术论文。对于生活在像日本这样的社会的人来说，日本几乎所有的人口，从古代开始在语言（不是方言）、社会制度以及价值观等方面没有完全不同的各个集团，所以几乎没有认识所谓"不同的社会"的方式。不管你怎样去学习社会人类学、积累和社会人类学有关的知识，研究日本传统的节日和习惯，并且也多少有在国外学习生活的经验，所有这些都被纳入到日本式的思考体系之中，所以，要领会不同社会的制度体系并非很容易。吸收学习作为知识的社会人类学的成果和进行社会人类学研究是不同的。所谓社会人类学的研究，并不是采用固有的理论框架，而是用一定的方法，把未知世界的体系通过自己的经验研究进行探讨，进而把它上升到理论的高度。在这个过程中——由于把自己暴露在不同的社会，受到了在日本本土得不到的知识的刺激，这样才能使自己的思考本身不断地完善、成长起来。这当然并不限于日本的研究者。

田野工作的意义

在纽约召开的社会人类学国际研究会上的讨论中,英国社会人类学权威之一,福蒂斯对美国年轻的人类学者说道:"你们还没有弄脏手呢?"(没有做田野工作)这是靶心。那些年轻的人类学者好像非常自信地、热衷于从理论角度进行发言,不过从有丰富田野经验的人类学者看来,非常明显地能感到他们的不足。我在东京大学的文化人类学科硕士课程一结束,就去国外做田野,如果不这样做,怎么也写不出博士论文。事实上,从田野工作的地方一回来,就感到了知识的厚重。在我曾经学习的伦敦经济学院的雷德蒙·弗思的研究生院的席明纳上,没有进行过田野工作的人没有资格参加。实际上,由于具有田野工作的经验的共同感受的这种知识上的认同,人们之间也不问国籍、不论田野如何,但是就是这个田野工作是把社会人类学者在国际上联结在一起的主要原因。而通过田野工作的训练,就像成为社会人类学者的入会仪式那样,它成为具有社会人类学的研究特色的基础。这与画家所受的素描训练一样,将来这一社会人类学者即使未必根据自己的田野来写论文,但有没有在异国的田野工作的经验,在其研究中会自然地表现出来。

简而言之,田野工作不仅仅只是收集资料,它还是研究室外进行思考的训练场所；此外，它虽然也不是验证理论和假设的场所，不过，在理论和假设的构筑过程中，田野工作是不可缺少的。要把握好田野工作的质量，就要非常好地受过有关社会人类学的各种概念、体系的训练，从理论的角度进行梳理解释。当然要注意马林诺夫斯基所提醒的："要充分地进行理论的训练，所得到的结果并不意味着介入了先入观。……调查地的问题越多，就越能从事实中建构理论，如果形成不断地探讨事实和理论的关系的习惯，那么他就能够适应、适合于做野外调查。"

中根千枝先生小传[①]

主要生平：

中根千枝1926年出生于东京都丰多摩郡户塚村（现属新宿区），小学高年级开始在北京生活了六年。回国后，完成东京都立第八高等女子学校以及津田塾专业学校外国语专业的学业后，进入东京大学文学部东洋史专业，开始本科和硕士的课程学习。在经历从日本东北到鹿儿岛的农村调查后，中根千枝前往世界各地开展人类学研究。1953年开始在印度从事三年的调查，1959年至1962年，前往芝加哥大学、伦敦大学、意大利等地研究和学习。中根千枝整理了对印度内地阿萨姆地区的探险和

[①] 本文主要根据，中根千枝、関本照夫、伊藤亜人、清水展、横山広子：学問の思いで——中根千枝先生を囲む（学问的追忆——以中根先生为中心），（東京：東方学，2010年：P151-190）以及相关资料翻译整理而成，在整理过程中，我的硕士生邵思逸作了很多工作，特此致谢！——译者

调查材料后,于 1959 年出版了《未开的脸与文明的脸》,荣获"每日出版文化奖"。

中根千枝回到日本后,受到《中央公论》杂志的撰稿邀请,决定以"随处可见的日本集团结构"为题撰写系列文章,最后在完成对这些文章的整理和修改后,于 1967 年出版了《纵式社会的人际关系》。截至 2015 年,该书共印刷 124 次,成为销售 116 万册的畅销书。另外,在英国出版的英文版也被翻译成 13 种语言,为世界各国读者所追捧。

作为一名女性,中根千枝是东京大学第一位女副教授、教授,第一位国立大学研究所女所长(东京大学东洋文化研究所),第一位女性日本学士院委员。1990 年获"紫绶褒章",1993 年获"文化功劳者"称号,2001 年获"文化勋章"。

学术经历:

学者的学术道路是人生道路的一部分,不同人生阶段的经历和选择铸就了她的学术之路。很多看似不起眼的瞬间影响了学者一生的思想和前行的方向。

对于中根先生而言,小时候在北京的异文化体验虽然没有直接促成她走上人类学的道路,但在北京她看到街头形形色色的"小人物",甚至有饿死街头的乞丐,剧烈的反差促使她思考社会的多元化,这帮助她形成了包容的性格和开放的胸怀,正如她曾说过："民族学是一门需要有特殊天分方能获得研究成果的学科……而所谓民族学研究的特殊天分，首先必须是没有偏见、不是神经质的人；他能不凭个人的爱憎，理智地去判断，而不是草率地去作结论；要有勇往直前的精神，同时又要有善于适应的能力……"①这样的天分在先生早年就已习得。

中根先生在与其学生的谈话时曾提到，在北京，一次放学回家的路上看到两头骆驼，因为在来北京前她就对远离海洋的内陆产生了浓厚的兴趣，所以看到骆驼马上就联想到他们一定来自内陆，所以觉得北京是一个可以去往内陆的地方。②这样的经历也为中根先生此后心系中亚，一定要前去探险和研究埋下了幼小的种子。

在北京女子高等学校的最后一学年，中根先生回国进入东京府立第八高等女子学校(现在的八潮高中)学习。当时中根先生正在读一些斯文·赫定(Sven Hedin)③的著作，认为比起单纯的探险，还是将它建立在认真研究的基础上比较好，所以开始勤奋学习。之后，中根先生没有选择女子师范学校或医学院，而是

---

① ［日］有马真喜子，王恩庆译：中根千枝——日本社会人类学家，北京：民族译丛，1980 年 1 月，第 78 页。
② ［日］中根千枝、関本照夫、伊藤亜人、清水展、横山広子：学問の思いで－－中根千枝先生を囲む，東京：東方学，2010 年：P153。
③ 斯文·赫定(1865~1952)，瑞典籍著名探险家，地理学家，摄影家。

进入了津田塾专业学校的外国语专业,她认为好好学习英文对以后去中亚或其他地方一定有帮助。这个选择对于中根先生的一生有很大的影响,这不仅成为她后来考取东京大学的筹码,还为她在世界各地学习、研究、任教、出书打下了坚实的语言基础。

在津田的第二年,"二战"结束,东京大学开始招收女学生。中根先生决定通过一年时间准备考试,考取东京大学。当时她也受到了老师堀一郎的鼓励,成为进入东京大学的18名女生中的一名(当年东京大学录取了6000名学生)。在选择专业时,中根先生不忘最初想去中亚的梦想,选择了能够前往中亚的东洋史专业。①

在大学期间,中根先生了解到研究中亚必须学习多门语言,另外还恰巧碰到一些不利的客观因素,最后不得不放弃。但在阅读中亚研究文献的过程中发现与中亚研究相比,西藏研究比较少,所以决定研究西藏。中根先生主要通过阅读 Giuseppe Tucci 先生的三册《Tibetan Painted Scrolls》学习西藏的历史和文化,通过阅读 George N. Roerich 的《The Bule Anmals》学习西藏的佛教史。中根先生还曾写信给 Roerich 先生,请求向他学习,Roerich 先生回信说只要中根先生来印度随时可以教她。当时

---

① [日]中根千枝、関本照夫、伊藤亜人、清水展、横山広子:学問の思いで－－中根千枝先生を囲む,東京:東方学,2010年:P154。

恰逢日印建交，中根先生通过考试，成为第二位获得印度政府奖学金留学印度的日本学生。①

中根先生最初并不了解有人类学这一专业，与人类学的相遇是出于她对自身经历和学术的反思。在东京大学东洋史专业的学习过程中，中根先生发现研究中国史的老师们对中国的印象与她在北京看到的、感受到的完全不同，因为老师们是根据文献来研究中国，但是中根先生认为这样无法了解真正的"活的社会"。于是，中根先生开始查找什么学科是研究"活的社会"，最后她发现是人类学。但当时东京大学的人类学系属于理科部，所以她马上去旁听须田昭义先生的体质人类学和杉浦健一老师的土俗课。在旁听的过程中，认识了人类学专业的宗师江孝男。正好当时要开日本民族学会，经山本达郎和江上波夫先生的介绍，中根先生前去参加，认识了许多民族学界的先生。② 这个转变使得中根先生走上了人类学的研究之路，而且从一开始中根先生就意识到不能依赖文献，而是要采取实地调查的方法对当地社会展开研究。在中根先生取得硕士学位后，她成为了东洋文化研究所第一位女助理员，当时在教授讨论会上有很多反对

---

① ［日］中根千枝、関本照夫、伊藤亜人、清水展、横山広子：学問の思いで－－中根千枝先生を囲む，東京：東方学，2010 年：P155-156。
② 同上书，第 156-157 页。

的声音，认为女性助手即使经过训练，结婚后一切努力都会付之东流。但时任文学部长和东洋文化研究所所长的辻直四郎先生力挺中根先生，认为她一定会不负众望，最终中根先生成为了东洋文化研究所的助理。①

1953年6月，中根先生拿着印度政府给的奖学金前往印度。因为想求教于罗赫列（Roerich）先生，所以中根先生花了半年时间住在罗赫列先生所在的边境小镇卡林朋，请教罗赫列先生，并学习藏文文献。同时，经冈正雄教授的介绍，中根先生来到了印度政府设立于加尔各答的人类学研究所，并结识了所长 Biraja Sankar Guha 先生。当时，印度的人类学研究所汇集了英、德、意等各国的民族学家，由于是政府设立，研究所规模较大而且十分气派。该人类学研究所设立了一支未开化民族调查队，中根先生受所长邀请也加入了他们的研究团队。中根先生的第一次未开化民族调查，是在阿萨姆南部的特里普拉邦，这对于中根先生而言是一次有趣且宝贵的经历。这次调查很有印度特色，由几名研究者和几名仆人组成，很多搬运的重活以及做饭等杂事都交由仆人负责，研究者在体力上较为轻松。通过这次调查，中根

---

① ［日］中根千枝、関本照夫、伊藤亜人、清水展、横山広子：学問の思いで－－中根千枝先生を囲む，東京：東方学，2010年：P158。

先生知道所谓调查如何进行，要带些什么东西，这些都为她今后的调查打下了基础。① 中根先生住在卡林朋时，可以随意跨越国界，中根先生也与几位西藏贵族小姐成为了好朋友，但是加尔各答的总领事听说她要去西藏，告诫她不得越过国界，因此中根先生前往西藏调查的愿望破灭，她只能在锡金一带进行调查，对当地的那加人展开了研究。与此同时，中根先生结识了她在加尔各答人类学研究所的同事 Asutosh Bhattachayya，Asutosh 教授是一位十分有教养的婆罗门，从他口中中根先生了解了很多印度文化，由此也渐渐对印度产生兴趣，在 Asutosh 先生的介绍下，中根先生认识了很多印度朋友，也开始正式涉猎印度研究，对印度的一些村落展开调查。②

印度政府奖学金为期两年，在第二年快要结束，中根先生准备回国之时，刚从田野回来的她与隔壁办公室的瑞典基督教女青年会（YWCA）的一位女士（后来知道该女士 Dr. Andrea Andreen 是一位医学博士）分享了自己的田野经历，没想到这位女士发邮件给瑞士财团介绍了中根先生的情况，请求对方予以资助。正巧瑞典财团在斯德哥尔摩进行审批奖学金时，东京大

---

① ［日］中根千枝、関本照夫、伊藤亜人、清水展、横山広子：学問の思いで－－中根千枝先生を囲む，東京：東方学，2010 年：P158-159。
② 同上书，第 159-160 页。

学校长茅诚司也在现场,当被询问中根千枝是否是一名优秀学者时,校长的肯定使中根先生获得了财团的奖学金。因为YWCA的奖金是提供给研究女性的学者,所以当时财团要求中根先生研究印度的女权制,但由于印度没有女权制只有母系制,所以在之后的一年中,中根先生主要研究母系社会的卡西人(Khasi)和噶罗人(Garo,又称加罗人),以及南印度的纳亚尔人(Nayar)。虽然研究母系制度,但中根先生认为不应该仅围绕亲属制度展开研究,因为在清楚把握这些族群的社会结构前,不仅要研究他们的亲属制度,还要对他们的阶层以及其他变化的过程一一展开调查。①

在结束印度母系制度的调查后,中根先生以为这次可以回国了,没想到财团方面提出再请中根先生研究一年,这次中根先生提出想去欧洲撰写论文,所以对方就引荐她前往当时世界人类学最发达的伦敦政治经济学院,在弗思教授门下学习。

弗思教授主持的"席明纳"(Semina)在当时人类学界有很大的影响力,这对中根先生的学术生涯也产生了极大的影响。正是因为这个十人左右的"席明纳",使得中根先生下决心要成为一名学者,一名社会人类学家。根据中根先生的回忆,参加弗思

---

① [日]中根千枝、関本照夫、伊藤亜人、清水展、横山広子:学問の思いで――中根千枝先生を囲む,東京:東方学,2010年:P160-162。

教授讨论会的学生来自世界各国,没有做过田野调查的学者没有参加的资格。当时的日本社会科学界一般先参考欧美著名学者提出的理论,以此为依据探究自己的问题。但弗思的研讨会则是完全不同的学术路径,他们以学者自身精细的田野调查为前提得出的不同数据为基础,再建立他们自己的理论。研讨会上,每位学者提出以田野调查资料为依据的理论化论述时,其他的学者都会提出很多不同的意见,老师也会提出十分尖锐的问题,而且常常让学生们采用使他人更能理解的方式表达自己的观点。在"席明纳"上,中根先生学到了很多实用的研究方法,第一次感受到将此作为一生的研究对象是一件多么美好的事情。

是年年末,意大利学者朱塞佩·土齐(Giuseppe Tucci)所长邀请中根先生前往意大利罗马的中远东研究所(ISMEO)学习和研究,她在土齐教授家中接受了半年的指导。中根先生事后才知道这是山本达郎教授所安排。没过多久日本方面发来通知,因为中根先生在国外已满四年,因此被要求尽快回国。这四年间,中根先生没有回国一次,因此这次决定回国。①

中根先生回国后,回到东京大学教授文化人类学课程,半年后从助理晋升为讲师。回到日本开始教书后,中根先生感受最

---

① [日]中根千枝、関本照夫、伊藤亜人、清水展、横山広子:学問の思いで--中根千枝先生を囲むり,東京:東方学,2010年:P162-164。

深的是研究生们在田野调查之前就能够阅读很多书,而且没有感到疲惫无趣。她认为在没有田野调查的基础上,看书比较辛苦,而且读者所理解的书中观点很可能与作者想要表达的不同。①

1959年,中根先生收到芝加哥大学的邀请函,经过一些波折后,获得东京大学批准。一年结束后,她又获得伦敦大学东方与非洲研究院(School of Oriental and African Studies, SOAS)的邀请,希望她去伦敦大学讲授印度研究的课程。当时的芝加哥大学和伦敦大学的人类学系都在发展的黄金期,人才辈出,研究和讨论气氛十分活跃。在伦敦期间,中根先生完成了之后在伦敦和巴黎出版的两本书稿。②

从上述的学术经历可以看到,中根先生扎实的田野调查给予她自如地与世界各国学者讨论人类学问题的平台,同时重视田野调查也是贯穿中根先生学术思想的一条主线。回国后,中根先生推动以田野调查为基础的人类学学科建设,认为文献的阅读在什么阶段都可以开始,但田野调查必须扎实进行,这对于

---

① [日]中根千枝、関本照夫、伊藤亜人、清水展、横山広子:学問の思いで――中根千枝先生を囲む,東京:東方学,2010年:P164-165。
② 同上书,第165-166页。

文献阅读和理解也有很大的帮助,是社会人类学学科建立的基础。中根先生教导学生在田野中"能吃得饱睡得香,不会生病,不要为将来的事情烦心就没问题","总之,先去下田野,与当地人友好相处,即使调查没什么进展也没关系,只要在那里就好。到回国前一两个月,你所调查一年的成果才会显现。"中根先生也强调要学习当地人的语言,与研究对象保持长时段的联系等。①

1961年,中根先生从伦敦大学回国后,收到了《中央公社》杂志的撰稿邀请,没有主题限定。当时因为刚回国,觉得日本有很多新鲜有趣的地方,因此决定写作关于日本社会的事,这便是后来《纵式社会的人际关系》一书的源头。之后有很多国家的出版社要求翻译成他们国家的语言,但是考虑到从日语翻译成英文比较困难,所以中根先生利用在夏威夷东西方研究中心的时间,亲自将该书翻译成英文版的《日本社会》(*Japanese Society*),该书成为畅销国内外的社会人类学著作。② 对比英国的亲属制度研究与中根先生提出的纵式社会中的世代交替和传承,可以看到他们不同的研究视角,前者主要围绕亲属集团和亲属关系

---

① [日]中根千枝、関本照夫、伊藤亜人、清水展、横山広子:学問の思いで－－中根千枝先生を囲む,東京:東方学,2010年:P167-169。
② 同上书,第173-174页。

入手加以研究,后者从生活共同体的家户开始入手讨论。中根先生刚到伦敦时,当地的学者不能理解她所说的"家户(household)",因为一般的英国人没有这种概念,英国本身也不是一个重视亲属制度的社会,这与日本和中国不同。所以同样研究亲属制度,可以有不同的切入视角。①

从印度到日本,扎实的研究使得中根千枝先生常常被认为是亚洲研究的专家,但对于"亚洲"这一概念,她也有自己的看法。中根先生认为中国、印度、阿拉伯各自可以成为与欧洲匹敌的存在,而且日本与它们也是完全不同的社会,所以将这些完全不同的社会一同并入"亚洲"的框架中并不合适。② 当被问及对韩国社会的印象时,中根先生认为韩国与日本一样有大陆性,但与日本很不同的是日本社会比较强调上下传承的关系,但韩国比较强调个人,每个人又可以有专属的流派。另外,韩国的男女差别很大,上流社会的家庭更是如此。③

中根先生在研究工作之外,还从事了外务省和文部省等相关政府工作,据中根先生回忆当时社会对官员的印象不太好,所

---

① [日]中根千枝、関本照夫、伊藤亜人、清水展、横山広子:学問の思いで- -中根千枝先生を囲む,東京:東方学,2010年:P180。
② 同上书,第174页。
③ 同上书,第175页。

以想亲自一探究竟,就接受了政府部门的一些工作。1969年她担任了文部省评审会委员,之后曾担任海外青年促进队的负责会会长等其他职务。在任职期间,中根先生也了解到很多关于政府部门的事情。如不同的部门,有其不同的特色;与处于高位的局长相比下面的课长、课长助理、部门负责人扮演着更重要的角色;在政府部门中绝大部分是优秀的人才,虽然看上去是相同的人做相同的事,但个人之间的差别很大。① 在政府部门的工作为中根先生了解日本社会结构也提供了很多信息。

中根先生与中国也有很深的交流,曾多次访问中国。1975年中根先生跟随以吉川新次郎为团长的日本学术文化使节团来中国访问,这是日本首次以政府名义派出的使节团。由于中根先生曾在弗思教授门下学习,听他说过费孝通先生是来他这里学习的第一位东方人,她是第二个,又听说费孝通先生因"文革"被迫害,人身不自由,已经很久没有费先生的消息。中根先生非常担心,所以这次借访问中国,想要见见费先生。听说当时费先生在中央民族学院,所以在访问行程全部结束后,中根先生留下来想前去中央民族学院拜访费先生。到了中央民族学院后,在

---

① [日]中根千枝、関本照夫、伊藤亜人、清水展、横山広子:学問の思いで−−中根千枝先生を囲む,東京:東方学,2010年:P181。

1979年9月，作者和费孝通教授在一起。

1960年夏,作者(左二)在巴黎召开的第六届国际人类学民族学大会的聚餐会上。

场的同志被一一介绍,介绍到费先生时,中根先生十分惊讶,因为费先生比刊登在《江村经济》中的照片要胖许多。这次在中央民族学院,是中根先生与费先生的第一次见面。这次见面虽然两位交谈不多,但中根先生把她的《日本社会》送给了费先生。第二天中根先生邀请费先生来北京饭店吃饭,想创造更多的交流时间。到了第二次交谈时,费先生已经阅读完中根先生赠送的著作,谈到自己也想写一本关于中国社会的书,两人虽只是第二次见面,却像旧交一般谈论了很多。因为当时仍处于文革期

1984年9月,作者在西藏的拉卜楞寺院。

间,包括费先生在内的知识分子还处于较为紧张的政治氛围中,这次交流也很快就结束了。之后中根先生先后两三次访问中国,其中第二次来访时,费先生亲自去机场接她,这时的费先生有了较多的空余时间,两位也有了长时间的交流。① 中根先生每

---

① ［日］中根千枝、関本照夫、伊藤亜人、清水展、横山広子:学問の思いで――中根千枝先生を囲む,東京:東方学,2010年:P170-171。

1994年，作者（右二）与费孝通教授（中）、李亦园教授（左三）、乔健教授（右一）在山西五台山留影。

每提到与中国的联系时，提得最多的也是费孝通先生。因为费先生的引荐，她同意了胡起望先生和索文清先生来日访学一年。中根先生回忆起1990年代费先生来日本的场景，费先生自己提出想要看看日本的农村,于是中根先生就带着费先生来到日本山梨县的农村。看到茅草屋的农家和炊烟袅袅的景象,费先生说想起了曾经调查过的瑶族。另外,中根先生在费先生的帮助下终于实现了几十年以来都想踏上西藏的梦想。1981年,费先生给西藏地区的领导通了电话,获得了当地政府的许可,中根先生终于可以来西藏调查,中根先生颇为感动和欣慰。从1965年开始,中根先生就调查过印度的流亡藏人,知道些藏人的生活状态,也认识了很多藏人朋友。中根先生回忆道,访问中的很多地方,都是原来在文献中读到的,觉得十分亲切,感到自己像是一条又重新获得水的鱼,感慨万千。① 除了费先生以外,给中根先生留下深刻印象的中国学者还有邓锐龄先生。邓先生是历史学家,对人类学也有浓厚的兴趣,是研究明清时期西藏关系的第一人。据中根先生回忆,邓先生的父亲曾在理藩院工作,因为是满洲八旗的贵族出身,所以举手投足间都能看到邓先生的修养和高雅,可以与之前提到的印度那位婆罗门教授相媲美。②

以上根据相关文献回顾了中根先生的学术生涯,可以清晰地看到中根先生从印度的异文化研究到回国后对日本社会的研

---

① [日]中根千枝、関本照夫、伊藤亜人、清水展、横山広子:学問の思いで--中根千枝先生を囲む,東京:東方学,2010年:P172。
② 同上书,第176-178页。

究都基于她切身实际的参与和观察，真正达到了人类学学家高水平的学术水准。在勤奋学习、研究和投入田野间，先生努力抓住了一个又一个的机会，使自身获得更多的学术能力和学术资源。先生一生的成就与她早年就形成的勇于探索、独立思考的性格分不开，也与她当年刻苦学习相连在一起。在学习中形成自己的思考并非一件容易的事，但在田野调查中可以反复去实践，这样就达到"从实求知"的真正目的。

中根千枝简历

1926年11月 生于东京都丰多摩郡户塚村（现属新宿区）

1933年4月 进入东京府东京市杉并第五寻常小学

1939年3月 毕业于北京日本小学

同年4月 进入北京日本高等女子学校

1944年 毕业于东京都立第八高等女子学校（现为东京都立八潮高等学校）

同年4月 进入津田塾专业学校外国语专业

1947年 毕业于津田塾专业学校外国语专业

同年4月 进入东京大学文学部东洋史学专业

1950年3月 获得学士学位

同年4月 进入东京大学研究生院

1952 年 3 月 获得硕士学位

同年 4 月 成为东京大学东洋文化研究所助理

1953 年 6 月 前往印度、英国、意大利调查、学习（至 1957 年 9 月）

1958 年 3 月 任东京大学东洋文化研究所讲师

1959 年 6 月 任芝加哥大学客座副教授（至 1960 年 7 月）

同年 10 月 获每日出版文化奖

1960 年 3 月 任（财团法人）日本民族学协会理事·评议员（至 1964 年 1 月）

同年 9 月 任伦敦大学客座讲师（至 1961 年 8 月）

1962 年 4 月 任东京大学研究生院生物系研究科人类学课程负责（至 1965 年 3 月）

同年 5 月 任东京大学东洋文化研究所副教授

1965 年 4 月 任东京大学研究生院社会学系研究科委员会委员（至 1973 年 3 月）

同年 5 月 获涩泽奖（日本民族学振兴会·原民族学协会）

1966 年 5 月 任日本学术会议第八届国际人类学民族学会议组织委员会委员（至 1970 年 9 月）

1967 年 7 月 任文部省保健体育审议会委员（至 1972 年 7 月）

同年 9 月 任建设省住宅对策审议会委员（至 1970 年 9 月）

1968 年 6 月 任建设省都市计划中央审议会委员（至 1974 年 6 月）

1970 年 1 月 任东京大学改革委员会委员（至 1973 年 3 月）

同年 4 月 任东京大学东洋文化研究所教授

同年 11 月 任东京大学社会学系研究科文化人类学课程主任

1971 年 4 月 任东京大学研究生院协议会委员（至 1972 年 11 月）

同年 8 月 任文部省日本 UNSCO 国内委员会委员（至 1977 年 8 月）

1973 年 2 月 任东京外国语大学亚·非语言文化研究所运营委员会委员（至 1989 年 1 月）

同年 9 月 任美国行动科学高等研究所客座教授（至 1974 年 6 月）

同年 9 月 任国际人类学民族学连合副会长（至 1983 年 9 月）

1974 年 9 月 任国立民族学博物馆运营协议员（至 1988 年 9 月）

1975 年 2 月 受到澳大利亚政府邀请

同年3月 成为日本政府派遣学术文化访中使节团一员

同年4月 兼任大阪大学人类科学部教授（至1979年3月）

同年5月 成为英国皇家人类学会名誉会员

同年9月 任康奈尔大学特别客座教授（至1981年9月）

同年12月 兼任国立民族学博物馆教授（至1980年3月）

同年12月 收到甘地·印度首相发来的对印度做出贡献的感谢信

1976年2月 受到印度政府邀请

同年6月 任（财团法人）民族学振兴会理事·评议员（至1988年6月）

同年9月 受瑞典学术会邀请

1977年4月 任美国哲学协会会员

同年4月 任内阁总理大臣官方审议室对外经济协力审议会委员（至1985年10月）

同年7月 任大藏省财政制度审议会委员（至1987年3月）

同年9月 受到德国政府邀请

同年12月 任环境厅中央公害对策审议会委员（至1984年5月）

1978年4月 任东京大学研究生院社会学系研究科委员会委员（至1980年3月）·东京大学研究生院社会学系研究科文

化人类学课程主任(至1980年3月)·任东京大学研究生院协议会委员(至1979年3月)

1979年7月 任东京大学出版会理事(至1985年7月)

1980年 任东京大学东洋文化研究所所长(至1982年3月)·任东京大学评议员(至1982年3月)·任东京大学东洋文化研究所附属东洋学文献中心主任(至1982年3月)

1981年7月 任厚生省人口问题审议会委员(至1988年7月)

1982年4月 任文部省科学官(学术国际局)(至1986年3月·1989年至1994年2月)

同年9月 任亚洲经济研究所参与员(至1988年8月/1995年2月至1999年2月)

1983年4月 任东京大学研究生院协议会委员(至1985年3月)

1985年4月 任经济企划厅经济审议会委员(至1987年3月·1989年~1994年2月)

同年7月 获1985年度外务省大臣表彰(表彰其致力于经济技术发展)

同年8月 获国际促进事业团1985年度国际促进功劳者表彰

同年 10 月 获妇女问题关系功劳者内阁总理大臣表彰

1986 年 2 月 人文部省学术审议会委员（至 1995 年 7 月）·任国际促进事业团运营审议会委员（至 1988 年 2 月）

同年 5 月 任（财团法人）民族学振兴会理事长（至 1999 年 10 月）·任培养促进队协会会长（至 1997 年 5 月）

1987 年 3 月 从东京大学退休

同年 10 月 获国际交流基金奖

1988 年 4 月 任帝京大学文学部国际文化学科教授（至 1991 年 3 月）

同年 8 月 获国际人类学民族学联合金奖。

1989 年 8 月 任文部省日本 UNSCO 国内委员会副会长（至 1995 年 8 月）

1990 年 4 月 荣获"紫绶褒章"

同年 5 月 任中国中央民族学院名誉教授

同年 11 月 任法务省入国管理政策恳谈会（伊藤正巳座长）（至 1995 年 11 月）

1991 年 8 月 任（社团法人）农村环境整顿中心理事长（至 1997 年 10 月名誉会长）

同年 9 月 获福冈亚洲文化奖学术研究奖/任文化功劳者选考审议会委员

同年 11 月 任 UNSCO 文化与开发委员会（至 1996 年 9 月）

1993 年 1 月 为天皇等人讲课

同年 11 月 获"文化功劳者"称号

1994 年 7 月 任中国山西大学名誉教授

同年 9 月 任对外经济促进审议会会长（至 2001 年 1 月）

1995 年 3 月 任国际促进事业团运营审议会委员（至 2003 年 9 月）

同年 10 月 任科学技术会议议员（至 1997 年 7 月）

同年 12 月 被选为日本学士院会员

1998 年 4 月 荣获"勋二等宝冠章"

2001 年 11 月 获"文化勋章"

2002 年 成为东京女学馆大学首任校长（至 2004 年）

2006 年 5 月 任日本学士院第一部部长（至 2009 年 5 月）

2014 年 获津田梅子奖

中根千枝主要学术著作

独著：

《未开的脸与文明的脸》（中央公论社,1959 年/普及版·中央公论文库,1962 年/中公文库）

《纵式社会的人际关系：单一社会的理论》（讲谈社现代新

书,1967 年 7 月)

《家庭的结构:社会人类学的分析》(东京大学出版会,1970 年)

《人与经营:与精英商人的对话》(文艺春秋,1971 年)

《适应的条件:日本式连续的思考》(讲谈社现代新书,1972 年)

《以家庭为中心的人际关系》(讲谈社学术文库,1977 年)

《纵式社会的力学》(讲谈社现代新书,1978 年/讲谈社学术文库,2009 年 7 月)

《日本人的可能性与极限》(讲谈社,1978 年)

《社会结构的比较:以亚洲为中心》(旺文社,1981 年)

《社会人类学:亚洲诸社会的考察》(东京大学出版会,1987 年/讲谈社学术文库,2002 年 4 月)

《中国与印度:以社会人类学的视野》(国际高等研究所、1999 年)

合著:

与福武直、大内力合著,《印度村落的社会经济结构》(亚洲经济研究所,1964 年)

《日本人与邻人》(日本 YMCA 同盟出版部,1981)

与大石慎三郎合著《江户时代与近代化》(筑摩书房,

1986年)

编著:

《韩国农村的家族和祭礼》(东京大学出版会,1973年)

合编:

与桑原武夫·加藤秀俊合编《历史和文明的探究》(文明问题恳谈会全记录 上下 中央公论社,1976年)

翻译作品:

《沙漠フオルコ　クイチリ》(Folco Quilici)(フレーベル館,1971年)

参考文献

[1] [日]有马真喜子,王恩庆译:中根千枝——日本社会人类学家,北京:民族译丛,1980年1月,第76-78页

[2] [日]中根千枝、関本照夫、伊藤亜人、清水展、横山広子:学問の思いで——中根千枝先生を囲む,東京:東方学,2010年:P.151-190

[3] https://ja.wikipedia.org/wiki/中根千枝

译后记

当我从中根先生笔下的多元文化的空间中回到我们所处的社会文化环境时，顿然间感到对我们的社会又多了许多的理解和认识，也在情感的深处增加了许多人文的情怀。

本书是中根先生的处女作，虽然不是一本传统意义上的人类学的民族志，但却是基于人类学的方法和思考，把研究者和被调查对象之间的文化互动、田野的体验和心理的沟通，以"我"所看、所听、所想的真实的体验，展示出一幅充满动感的不同文化世界中色彩斑斓的图像。

我们知道，18世纪末到19世纪中叶，在欧洲大陆出现了对于"他者"及"异文化"认识的热潮，在"被发现"的地域，传教士、探险家不断地出没于这些"他者"的世界，同时也把军队和控制权延伸到这些所谓"蛮荒的世界"，大批猎奇式的"异文化"记录和描述，开始在欧洲大陆流行起来。在和"他者"的接触中，欧洲

译者麻国庆与中根教授在一起(1998年)。

人确立了欧洲中心的文化立场,他们把新大陆和非洲等为代表的"他者"的世界,视为野蛮和未开化的世界。与这一"他者"相对应的欧洲被认定为理性和文明的世界。这样就在欧洲形成了关于文明和野蛮这一相对立的二元的价值判断,同时也形成一种把欧洲文明置于现代,而把非欧洲视为未开化即原始的状态的单线的进化模式。这种观点在之后的人类学研究中,不断地被修正。《未开的脸与文明的脸》一书,彻底摒弃了那种简单的二元价值判断,从"他者"的立场去听、去记录、去参与、去观察"他者的社会和文化",做到了把文化宽容和文化共生的理念贯彻始终,为我们理解多元文化的世界,提供了很好的读本。

谈到本书的翻译，还要做一个简单的交代。1998年在北京大学百年校庆举行的"跨文化对话与文化自觉"的国际会议上，中根千枝教授做了关于藏族研究的学术报告。当时山东画报出版社的刘瑞琳女士也在场，她当即约我希望能把中根先生的有关田野的研究介绍到中国来，我欣然接受了这一建议。在中根先生众多的著作中选哪本更为合适呢？我经过再三考虑，觉得应该先翻译中根先生的处女作。经过和中根先生商量，先生欣然同意授权山东画报出版社翻译出版。随后寄来了很多当时调查时拍的珍贵照片，并抽出宝贵的时间为中文版写了序言。在翻译过程中，因为书中涉及很多文化和民族的场景，且中根先生的日文非常漂亮，我们能否在保持原意的前提下，尽可能地把先生的富有文学色彩的描述用中文表述出来，这也是一直令我们感到忐忑不安的原因。这期间，我也曾经几次在北京、吴江（江苏）、日本大阪和先生相见，在北京借陪先生考察居庸关云台文化遗迹之际，还就书中的有关内容请教了先生，先生都给予了热情的解答。特别要指出的是，中根先生作为一位藏学家，书中涉及历史上有关藏族的一些问题，对于其中的一些疑惑和中文的表述，我的学友、中国藏学研究中心的徐平、旦增、周伟等博士帮我解决了有关的问题，在此深表谢意！为了便于读者了解中根教授及其著作，我把中根教授的个人学术经历和其在1984年退休前的著作翻译出来(英文部分保留原样),希望对中根先生著作有兴趣的朋友能够一睹为快!

由于我的精力有限,书中的部分内容是张辉黎女士协助我翻译完成的,可以说本书是我们俩共同翻译的成果。

本书究竟在中文上表述得如何,还望读者指正。

书中所涉及的内容虽然已经是近半个世纪之前的事情,但对我们今天的文化价值的树立,仍然有直接的借鉴意义。

麻国庆

2001年4月23日于北京

再版译后记

我最初接触到中根先生的名字,还是在学习日语的教材上。她的关于"瑞典的福利"一文,从人类学的角度来看工业文明给人们的生活所带来的巨大影响,一直到今天还在我脑中出现。之后,我开始关注中根先生的作品。如她的《社会人类学——亚洲诸社会的比较研究》,里面所涉及的对于印度、中国、日本、韩国社会的比较研究,在我看来一直是文明社会的比较研究的典范,也影响到我后来的比较社会研究。1991年我到北京大学跟随费孝通先生读博士时,从先生那里更多地了解到中根先生和他的学术交往。当时正好中根先生和日本著名的发展社会学家鹤见和子教授,在日本为费孝通先生庆祝80岁生日,1990年在东京召开的东亚社会研究国际讨论会论文集英文文集《东亚社会研究》刚刚出版,北大社会学人类学研究所组织我们翻译成中文,书中中根先生谈到对费老的评价情真意切。

事情也巧,1993年我被选上由教育部公派、日本文部省奖学金资助去日本留学,当时征求先生意见到日本哪个大学,费先生直接说到日本留学还是去跟中根先生学习,去东京大学学习人类学。费先生特意为我给中根先生写了推荐信,中根先生回信说由于她已经退休,让我跟她在东京大学的大弟子末成道男先生学习。1994年我到日本前,去费先生家,征求先生的意见和学术上的考虑。费先生对我说,在日本要好好学习中根先生这一脉络的人类学,让我好好研究下中根先生、鹤见和子先生和福武直先生的学术特点。特别强调他们三位在东亚研究方面,与先生自己的研究有何异同。

我到了日本后,有更多的时间和条件能够看到中根先生的作品和论文。我发现虽然中根先生和费老相差20岁,但因为共同受过同一老师弗思、同一学校伦敦政治经济学院的培养,两人在学术研究上有很多的共同特点,如他们都强调社会结构研究的重要性,强调比较研究和田野调查是社会人类学的基础。从研究内容看,费老有著名的《乡土中国》和《生育制度》,而中根先生有《日本社会》与《家族的结构》;费老有《中国的绅士》,而中根先生从社会阶层的角度来比较中国的乡绅、日本的武士、韩国的两班;费先生提出著名的"差序格局"

原理,而中根先生提出日本社会是一"纵式社会"。她认为中日之间的家族结构和家族制度的区别,导致由此发展出的社会结构和社会关系也有很大的异同点。她在此基础上,把中国以父系血缘为基础的家族特点归纳为"类"的原则,以此来衬托中国社会与日本的不同之处,同时把日本社会从"场"的原理进行考察①。而费老的差序格局的基础正是类别和关系,在此基础上强调"推己及人"。两人对于异文化的研究,都表现出来社会人类学对于家族组织与社会组织研究的兴趣等等。

不过,我第一次拜见中根先生还是在1994年底,当时我刚到东京大学几个月,在高明洁老师的陪伴下,到东京的财团法人日本民族学会所在地拜访中根先生。在秘书的引领下,我第一眼就看到了一位非常高雅的女性学者正在伏案工作,我们进去后,先生非常客气地让我们坐下。他知道我是费老的学生,第一句就问费先生身体挺好吧,我说非常好,每年在北京之外要出去200多天做调查、参加会议、座谈。接下来她了解到我对于家族的比较研究有兴趣,就建议我去冲绳做调查,当时我的学术判断跟不上,不太理解先生的学术思路,只是说

---

① 中根千枝日本和中国、朝鲜的家族结构的特色,江上波夫等编《日本和中国》,小学馆,1982年。

先看完材料再说。不过多年后，2001年到2003年，我再次到日本，作为日本学术振兴会的外国人特别研究员，去冲绳研究当地的门中制度，进而和中国的宗族与日本本土的同族进行比较，那时我才明白中根先生的学术想法，即通过田野调查资料的比较，来看冲绳在中国和日本之间的文化与社会的特殊性及关联性问题。

我1996年底从日本回国后，当时费先生发起举办"社会文化人类学高级研讨班"，中根先生有时间都会过来作为主要授课老师之一来做讲座，其他如北大百年校庆的活动、费老在吴江过90岁生日所举办的会议，她都前来参加。这样我也有机会经常向中根先生讨教。包括我和我夫人张辉黎女士翻译她的处女作《未开的脸和文明的脸》的过程中，正好先生来北京出差，先生说要到长城的一个地方看历史上留下来的梵文、西夏文、蒙古文等不同文字的碑文，我们找到了有碑文的地方。她给我讲了很多历史上中国和印度之间的往来。在吃饭时，我也把翻译她的书不清楚的地方，让先生给我解答。我那天收获很多。从长城回来。路过我家，我请先生来家坐一下。先生非常高兴，她说作为一个人类学家，能到都市的住家，特别是北大年轻老师的家看一看，非常好。当时我孩子才上幼儿园，先生在家里还特意和我孩子我们一家照了相，至今我还存有照片。当知道我们整栋楼住的都是北大的老师时,她非常感慨,还是这样好,大家都是做研究的,没有杂七杂八的人。我也说这是中国的单位制度,她说确实和日本不一样。

之后,2001年,我作为学术振兴会的外国人研究员,到东京都立大学。年底正好赶上中根先生获得日本文化大奖后的专题演讲。我很有幸出席了先生的演讲会。在演讲中她除了提到自己的学术经历外,还提到人类学研究的方法论的问题,并举费孝通先生和利奇对话中强调的"部分和整体的关系"。从其讲话中常常提到费老,可见她和费先生之间在学术上有多深的默契。

2005年费老去世一年后的学术纪念会上,我又见到了中根先生,我当时已经到中山大学人类学系工作,当时会议安排我对中根先生进行个访谈,主要谈她和费老的交流以及对先生的学术贡献的评价。中根先生从1975年第一次见费老讲起,并对费先生发展中国的人类学和社会学做了非常非常高的评价,有些散见上文中,就不一一展开。

去年见到商务印书馆的李霞,她说想再版中根先生《未开的脸和文明的脸》,我又通过日本的聂莉莉学姐电话联系中根先生,之后先生授权商务印书馆再版中译本。我和太太张辉黎女士非常高兴,又开始校对书稿,太太在原翻译书稿上做了很多标记,包括原来的翻译表述问题。然而,非常不幸的是,她抗癌八年多,最后还是没能战胜病魔,于今年5月30日离开了我们。此书的再版,也是对我夫人的一个纪念,愿她在九泉下远离病痛的折磨,一路走好!

非常感谢李霞编审为此书的再版所做的一切努力!

麻国庆

2016年10月2日于中央民族大学文话楼

图书在版编目(CIP)数据

未开的脸与文明的脸/(日)中根千枝著;麻国庆,张辉黎译.—北京:商务印书馆,2018
(田野行旅丛书)
ISBN 978-7-100-13989-2

Ⅰ.①未… Ⅱ.①中…②麻…③张… Ⅲ.①文化人类学—考察报告—印度②文化人类学—考察报告—欧洲 Ⅳ.①C912.4

中国版本图书馆 CIP 数据核字(2017)第 114520 号

权利保留,侵权必究。

田野行旅丛书
未开的脸与文明的脸
〔日〕中根千枝 著
麻国庆 张辉黎 译

商 务 印 书 馆 出 版
(北京王府井大街36号 邮政编码100710)
商 务 印 书 馆 发 行
北京新华印刷有限公司印刷
ISBN 978-7-100-13989-2

2018年2月第1版　　开本 880×1230 1/32
2018年2月北京第1次印刷　印张 10⅜
定价:42.00元